人はなぜ、愛するわが子を虐待するのか

児童虐待が繰り返される本当の原因を探る

大岡啓二

みらい
PUBLISHING

「愛するはずのわが子を、虐待する親があとを絶たないのはなぜか」
「本当は楽しいはずの子育てを、つらいと感じる親がいるのはなぜか」
「待機児童解消のために保育園をつくろうとすると、地域住民から反対運動が起こるのはなぜか」
「ごく普通の公立小中学校で、学級崩壊が起きているのはなぜか」
「ニートや引きこもり、不登校やいじめが増えているのはなぜか」

かつて自治体職員として子育て支援や児童虐待対策の仕事に携わりながら、いつも心の奥に、もやもやした疑問をいくつも抱えていた。

五十六歳で役所を早期退職し、子どもに関わる仕事から離れても、これらの疑問から私の心が解放されることはなかった。

その一方で、組織や仕事を離れて外から物事を見ることで、もやもやしていた霧の向こうが少しずつ見えてくる気がした。

冒頭の五つの問題には、すべてに共通の原因がある！

このことに気付いたとき、それまで目の前を覆っていた霧が、スッと消えていくのを感じた。

霧が晴れた向こうに私が見たもの――それを一人でも多くの人と共有したいと、本書の執筆を思い立つ。児童虐待が繰り返される本当の原因と、現代の子育てを取り巻く「つらさ」や「息苦しさ」の正体が、きっとそこで明らかになる。

目次

第一章　児童虐待のルーツを求めて

～人類発祥と進化の歴史をたどる～

第二章　原始時代の子育て

第三章　核家族化の進行と地域社会の変容

第四章　現代子育て事情
～その問題点を探る～

最後に

はじめに

「孤育て」

「ワンオペ育児」

近ごろの子育ては、しばしばこのように形容される。

「孤育て」――若い夫婦が互いの実家から遠く離れて暮らし、周りに親しい友達もなければ親戚もなく、近所に知り合いもいない。誰にも頼らず、誰の手を借りることもなく、地域社会から孤立して子育てをしている。

「ワンオペ育児」――父親は毎晩仕事で帰りが遅い。家の中には母親と幼い子どもの二人きり。聞き分けのないわが子にいら立ち、振り回されながら、子育てだけでなく家の中のあれこれすべてを母親が独りで切り盛りしている。

そんな子育てに不安を感じ、上手くいかなくて悩み苦しんでいる親がたくさんいるという。多くは、誰もが普通にできていることで自分は悩んでいると思っている。

これまで誰もがしてきた当たり前のことを、自分だけが上手くできない、そう思っているのだ。

だから時に自分を責めて、いら立ち、誰にも相談できずに独りで抱え苦しんでいる。


でも実際には、人間の長い長い歴史の中で、親が親だけの責任で子育てをしてきたことなどただの一度もありはしない。個々にはどこかにあったとしても、社会の仕組みとして親だけで子育てをしてきたことなんて、世界中を探してもきっと過去には見つからない。

いわば人類史上初めてとも言うべき試みに、今の親たちの多くが挑んでいる。挑まされていると言ったほうが正しい。そして、当事者である親たち自身は、そんなこととはつゆ知らずに……。

ここに、児童虐待が繰り返される社会的原因が隠されている。

いったいどういうことか。

なぜそうなったのか。


私たち人間は、自分自身のことなのに、あまりにも知らない。

——進化の歴史の中で宿命的に負うこととなった、人間だけにまつわる出産の秘密と困難のことを。その困難を少しでも回避しようとして背負い込んだ、生き物としての人間の子育ての致命的なハンディについて。


私たち人間は、自分自身のことなのに、あまりにも分かっていない。

——そのハンディを、みんなで力を合わせて乗り越えてきた、人間社会の知恵について。そして、太古の昔から受け継がれてきたその知恵を、現代社会が失ってしまったことを……。

序章 わが子を虐待する親が あとを絶たないのはなぜか

■増加の一途をたどる児童虐待

痛ましい児童虐待事件があとを絶たない。新聞やテレビ、ウェブのニュースで事件が報じられない日はないと言っても過言でない。これだけマスコミで取り上げられ世間で騒がれているというのに、なぜ児童虐待は繰り返されるのか。

児童虐待の報道に接して、良識ある人ならきっと誰もが心を痛めている。何の落ち度もない子どもが、自分のことを一番愛してくれるはずの親から虐待を受ける。いたいけな子どもが、唯一無二の存在であるはずの自分の親から執拗な虐待を受け、遂には命を落とす。

こんな理不尽なことがなぜ繰り返されるのか。どうしてこんなむごい親がいるのか。なぜ救えないのか——多くの人がそう感じているに違いない。

そんな中、報道の多くは児童相談所をはじめとする行政の対応の問題を繰り返し指摘してきた。情報が共有されていなかった。連携が不十分だった。認識が不足していた。洞察力が足らなかった。判断が甘すぎた。

しかし、どんなに行政の対応を追及し批判したところで、それは「なぜ子どもを虐待から救えなかったのか」という原因の解明には繋がったとしても、「なぜわが子を虐待する親がいるのか」という原因の究明には直接は繋がらない。

マスコミに批判され世論に突き動かされて、児童相談所の体制が強化され関係機関の連携や対応のスキルが向上し、その結果一人でも多くの子どもの命が救われるようになれば、そのこと自体は大変意義深いが、それだけでは児童虐待の根絶にはきっと繋がらない。

統計を見ると、児童虐待件数は右肩上がりで増加している。しかし、関係者の中には、実際には児童虐待はそんなに増えてはいないと言う人がいる。

昔ならいちいち問題にもならなかったことが、児童虐待として世間に認知されるようになったことで児童相談所への通報が増えただけというのだ。子どもの面前でのＤＶ（ドメスティックバイオレンス）が心理的虐待としてカウントされるようになるなど、児童虐待の定義そのものが拡大された。警察と児童相談所の連携が強化され、警察からの虐待通報が飛躍的に増えたことも統計に大きく影響しているという。

昔は表面に出なかったものが表面に出るようになった。子どもにとってはそれだけ救いの手が差し延べられるようになったのだから、統計上の数字が増えたことはむしろ喜ばしいことだと言う人さえいる。

しかし、本当に児童虐待が増えているのか、それとも実際には増えていないのか、この際そんなことはどうだっていい。何よりも、これだけ児童虐待が世間で大きな問題となっているにも関わらず、あいも変わらずわが子を虐待する親があとを絶たない、その事実こそが問題である。

■児童虐待の一般化

かつて児童虐待は、よほど常識外れなとんでもない親であるとか、よほど恵まれない境遇に育った子であるような、一部の特殊な家庭の問題と捉えられていた。それが今では、多かれ少なかれどこの家庭でも起こりうる一般的な問題になったと言われている。

事実、児童相談所で対応する虐待ケースの中には、一見ごく普通のありふれた家庭であったり、それどころかむしろ恵まれた家庭と思えたり、世間で言うところの高学歴の親や、いわゆる一流企業に勤める親もいたりする。公務員や学校の先生さえいる。そして特殊な例と信じたいが、児童虐待研究の草分けとも言われた著名な大学教授の家庭においてさえ、涙を禁じえないような衝撃的な虐待事件が起きてしまった。今の世の中では、児童虐待はどこの家庭でも起こりうることは誰にも否定できない事実である。

新聞やテレビで報道される事件はいわば氷山の一角にすぎず、こうした事件が次々に起こる背景として、虐待の裾野が広がったということが指摘されている。事件にならないまでも、思わずカッとなって手を上げたり、声を荒げて怒鳴ってしまったり、そういう経験を持つ親がたくさんいるということだ。それは言い換えれば、子育てで悩んだり苦しんだりしている親がたくさんいるということにほかならない。

こうした一方で、年配者を中心に、今どきの若い親のことを快く思っていない人がいる。

「今どきの若い親は親としての自覚が足らない」

「世の中が便利になりすぎて、近ごろの若い人は苦労というものを知らない。だから辛抱が足らない」

そんなつぶやきがどこからともなく聞こえてくる。

しかし、本当に最近の若い親だけの問題なのだろうか。児童虐待が繰り返されるのは、最近の若い親の自覚が足らない、あるいは辛抱が足らないからなのだろうか。もちろんそんな単純な問題であろうはずがない。

■リスク要因という考え方

ではなぜ児童虐待は繰り返されるのか。児童虐待が起こる一般的な原因について知りたいと思い、国が監修する解説本や手引書などをいくつかひも解いてみた。どれも異口同音に、児童虐待の原因として次のようなことを書いている。

「児童虐待の原因はひとつではなく、様々な原因が複雑に絡み合って起こる」

当たり前すぎて、これに対しては言うべき言葉もない。

そして、次に必ず出てくるのが「リスク要因」という考え方だ。これによると、児童虐待が起こる要因には親側の問題と子ども側の問題、それに家庭の置かれている環境の問題があるとして、それぞれについて事細かに分析している。

一例を挙げると、母親が産後うつなどで精神的に不安定であるとか、子どもの性格にクセがあって育てにくい子であるとか、何らかの障害があるとか、周りに相談できる人がいないとか、経済的に困窮しているとか、そもそも望まない出産であったとか、親子に血の繋がりがないなど家族関係が複雑であるとか……。他にも様々なリスク要因が事細かに例示されている。これらの要因があると必ず児童虐待が起こるというわけではもちろんなく、あくまでリスク要因であるが、該当する要因があればあるほど児童虐待が起こりやすくなるという。

なるほど、御説ごもっとも。そのこと自体に何の異論もない。しかし、これらはあくまで個々の家庭のリスク要因であって突き詰めれば個人の問題だ。社会の問題としての児童虐待の根本原因とは次元が違うと言わざるをえない。

そもそも個人の問題と社会の問題では次元が違う。

ここにひとつの事例がある。かつて私が、経済的に恵まれない家庭の子どもが私立大学へ進学できるよう私学助成の拡充を求める署名を集めていた時のこと。署名を頼んだ相手が次のような理由を述べて署名を断った。

「私大の学費が高くて払えないと言うのなら、もっと勉強して学費の安い国公立へ入ればいい。自分も家が貧乏だったから必死に勉強して国立大に入った。その努力もせずに、税金を使って私学を助成しろだなんて全くナンセンスだ」

なるほど、君は立派だ。そうやって努力して君個人の問題は見事解決したかもしれない。しかし、それだけでは社会全体の問題は何ひとつ解決しない。そんなことさえ分からない君が国立大で学んでいることのほうが、よっぽど税金の無駄遣いだ。と、彼に対して言わなかったが、内心そう思った。

後段は蛇足だが、同じ問題でも、個人の問題と捉えるか社会の問題と捉えるかによってこれほど次元が違ってくる。


児童虐待に関して、個々の家庭のリスク要因を分析することの重要性に異論の余地はない。しかし、同時に児童虐待が起こる社会的原因を分析して有効な対策を講じなければ、問題の根本解決にははるかたどり着かない。

児童相談所の現状は、次から次に舞い込む虐待通告に日々追い回され、いつ終わるとも知れない「際限なきモグラたたき状態」にある。この状態から抜け出すためには、児童虐待の発生を元から絶つための有効な取り組みが是非とも必要になる。

そこで、子育ての不安や負担を軽減して虐待を未然に防止するために、様々な子育て支援の取り組みが官民一体となって進められている。保育園は親のニーズに合わせて多様な保育サービスを提供し、地域には親子の遊び場や相談のための子育て支援拠点が整備されている。各地ではいろいろな形の子育て教室も開催。ファミリーサポートなどの相互扶助の取り組みや、二十四時間三六五日対応の電話相談などなど、いわば至れり尽くせりの子育て支援事業が展開されている。

にもかかわらず、児童虐待が繰り返されるのはなぜか。

ところで、児童虐待の専門家や関係者には、児童福祉や教育関係者はもちろん、社会学や心理学の専門家、精神科医や小児科医、あるいは人権問題に取り組む法律家や弁護士など多士済々の顔ぶれがいる。だが、経済学を専攻する人は門外漢かもしれない。

近代経済学にはマクロ経済学とミクロ経済学の手法があり、この二つはいわば車の両輪である。例えて言うと、児童虐待に関する現状の対応はミクロ経済学的なアプローチにとどまっている。つまり各論から始まって各論の積み上げによって総論を得ようと試みてはいるが、到底、総論にたどり着きそうにない。言うなれば、各論に始まり各論で終わっている。

「この親は、愛するわが子をなぜ虐待してしまったのか」

という個々を対象とした原因分析は徹底的に掘り下げて行われているが、

「世の中から児童虐待がなくならないのはなぜか」

という社会全体を対象としたマクロな部分での原因分析はむしろなおざりにされている。

児童相談所などの現場はまさにケースワークが任務であり各論対応が使命だが、おおもとの国や研究機関が各論にとどまっていたのでは遅々として先へ進めない。車は両輪が機能してはじめて前へ進める。片輪だけでは前へ進めないのだ。

■人類学的視点からのアプローチ

世界有数の経済大国となったはずのわが国のどこかで、今日も児童虐待が繰り返されている。経済的に豊かになったはずのこの国で、子どもの貧困の問題が取りざたされる。

これらの問題をどう捉え、どう向き合っていくべきか。この国の将来は？　子どもたちに明るい未来はあるのか？――こういった視点から多くの人が、マスコミが、児童虐待の問題を論じている。

しかし、そこには「この国でなぜ」という視点はあっても、「世界でなぜ」という視点はない。程度や内容に違いこそあれ、児童虐待が世界中のあちこちで同時多発的に起こっているという認識抜きに、人類共通の課題であるという認識抜きに、「なぜ」の答えは見えてこない。

二〇一四年九月十四日から十七日までの四日間、名古屋国際会議場において「子ども虐待防止世界会議 名古屋二〇一四」が開催されたことは、当時もさほど大きなニュースにならなかったように思う。同じ年の十一月十日から十二日までの三日間、同じ名古屋市の同じ国際会議場で開催された環境問題の世界会議「ESDユネスコ世界会議あいち・なごや」のほうがずっと大きな注目を集めた。なぜか。

それはおそらく、環境問題は地球規模の喫緊の課題であり、世界中の人が手を取り合って取り組むべき共通の課題であると多くの人に認識されているのに対し、児童虐待が世界共通の課題であるという認識そのものが世間に足らないからだ。

世界中で同時に起きている問題に、世界共通の原因がないはずがない。そしてその共通の原因に真正面から向き合わなければ、本当の意味の児童虐待の撲滅などきっとありえない。

世界共通、人類共通の課題と言うのなら、まずは人類学的な視点からのアプローチが、遠いように思えてもきっと近道だろう。

そこで、はるか遠く人類発祥までさかのぼり、人間の進化の歴史をたどることから始めることとする。人間とはいったい何者で、人間の子育てとはいったい何なのか。

どんな問題にも必ず原因というものがある。

原因が明らかになれば、自ずと対策も見えてくる。

第一章

児童虐待のルーツを求めて

～人類発祥と進化の歴史をたどる～

■ 直立二足歩行の獲得

人間はその発祥と進化の過程で、どのように子どもを産み育ててきたのだろうか。それを考える前提として、まずは哺乳類の子育てについて触れておきたい。

哺乳類は脊椎《せきつい》動物の中で最も子育てを得意とする動物である。魚類↓両生類↓爬虫類↓哺乳類と進化していく中で、「生き残るためにたくさん産む」戦略から、「少なく産んで大切に育てる」戦略への転換。これこそが哺乳類の進化と繁栄の戦略であったはずだ。それなのに、その哺乳類の中で最も進化を遂げたと勝手に自負している人間は、なぜか子育てが苦手なようだ。なぜか。その答えは人間の進化の歴史の中にある。

直立二足歩行。

ヒトをヒトたらしめたのは、直立二足歩行の獲得にあったと言われている。前足が、歩くことや木の枝をつかむこと、すなわち身体を支えることから解放されて自由になり、やがてそれは手となった。そしてその手で道具を使い創造性豊かに物をつくるようになる。指先の細かい作業は脳を刺激して脳の発達を促し、脳の発達は高度な思考を可能にし、遂には高度な知能を獲得するに至る。これこそが、まさに人類進化のサクセスストーリーである。

しかし、本来が四足だった動物が直立したのだから、身体に何かと無理がかかる。加えて脳の発達によって頭が大きくなったことも、様々な形で身体的なハンディキャップとなった。

四足の動物は肋骨と腹筋によって内臓を支えているが、人間は本来横向きだった身体を無理やり縦にしたものだから、内臓を支えるために骨盤が発達して大きなかごのような形になった。それと相まって、上体を下肢だけで支える必要から、腰まわりが大きくがっしりした形になった。

そこまでならゴリラなどの類人猿と大差なかったかもしれないが、人間はさらに、大きくなって重たくなった頭でバランスをとるのに都合が良いように、前かがみの姿勢を正して背筋を真っすぐピンと伸ばし、二本足で完全に直立するという離れ業《わざ》をやってのけた。それとともに、足腰への負担を軽くしてよりいっそうバランスを取りやすくするため、徐々に体重を減らして類人猿よりもずっと細身のスリムな体型を獲得したのである。

■人間の進化の矛盾

しかし、実はここに進化の大きな矛盾がある。骨盤の真ん中には穴があり、出産の時には赤ん坊はこの穴を通って産道から外へ出る。大きなかごのような形になったとはいえ、ゴリラやチンパンジーよりずっとスリムな人間の骨盤の真ん中の穴の直径は十センチメートル余り。生まれてくる赤ん坊の頭の直径も十センチ近いという。十センチ余りの骨盤の穴を十センチほどの頭の赤ん坊がすり抜けて産道から外へ脱出する所業は、まさに神業《かみわざ》、神がかり的と思える。女性の神秘、出生の神秘と言うべきかもしれない。

そして、人間が難産な理由はまさにここにある。不幸にして胎児が育ちすぎて骨盤の穴をくぐれなくなってしまったら、今の時代でこそ帝王切開だが、その昔の我々のご先祖様の時代には、それは母子ともに非業《ひごう》の死を意味した。

キリンやシマウマが数十分で子どもを産み落とすのはライオンなどの肉食獣に襲われるリスクを少しでも避けるためと言われている。一方のライオンも、キリンやシマウマほどではないにしろ三〜四頭の子どもを数時間で産む。昔から犬が安産の神様とされるのは、それほど犬は短時間で簡単に子どもを産むからだ。要はたいていの四足動物は人間よりもはるかに安産ということだ。それが哺乳類のいわば常識であり、陣痛から出産まで、たった一人の子どもを産むのに初産《ういざん》では十五時間近くもかかるという人間が極めて特殊で異例なのだ。

かつて帝王切開の比率が低いと言われていたわが国でさえ、今や五人に一人以上が帝王切開で生まれてくるという。もちろんこれは医療技術の目覚ましい進歩がその背景にあるわけだが、それにしても帝王切開は例外でも何でもなく、まさに日常茶飯事である。このことひとつを取っても、人間の出産がいかに特殊であるかが理解できる。

縄文時代の遺跡から出土した人骨から死亡時の年齢を調べたところ、男性は三十代が多いのに対して女性は二十代が多かったという。現代では女性のほうが長寿で平均寿命が長いことと照らすと意外な結果と言える。これは、縄文時代においては出産が女性の死亡年齢に大きな影響を与えていたことの現れであると容易に想像できる。

子どもを産むことは哺乳類にとって最も基本的で当たり前の行為のはずなのに、人間の出産は少しも当たり前のことではなく、まさに命懸けなのである。

進化とは、生き物が生存競争を勝ち抜くために有利な方向に適応し変化することと考えられがちだが、実は必ずしもそうとも限らないらしい。正しくは、有利な方向に変化したものが競争を勝ち抜くということだ。進化の結果、牙が大きくなりすぎたマンモスや、角が大きくなりすぎたヘラジカ、大あごが大きくなりすぎたクワガタなどの例と同様に、人間は進化の結果、頭が大きくなりすぎて子どもを産むことが困難になってしまったとしたら――進化の結果、子孫を残すことが困難になった動物。これほどの進化の矛盾が他にあるだろうか。

■人間の悲劇、その始まり

とはいえ人間も生き物である以上、進化の過程で身にふりかかる困難に対して手をこまねいていたわけではない。井伏鱒二の小説に登場する「山椒魚」が、育ちすぎて谷川の岩屋から出られなくなって幽閉されるがごとくに赤ん坊が子宮に閉じ込められるという悲劇が起こらないよう、人間は進化の歴史の中でいくつかの対策を講じている。

一般に女性のほうが男性よりも骨盤が大きいのもそのひとつだ。内臓を支えるために大きくなった骨盤が、女性の場合は胎児を支えるためにさらに大きくなった。骨盤が大きいことは同時に骨盤の真ん中の穴も大きいことを意味し、出産時に赤ん坊の頭がつかえて出られないという悲劇をこれによっていくらかは回避していると考えられる。骨盤の大きい女性が安産型と言われるゆえんである。

加えて人間は、他の近縁の哺乳類と比べてかなり早産である。胎児がどの程度育ってから出産するかは動物によってまちまちであり、生き残りのための重要な戦略となっている。前述のキリンやシマウマは、母体の中でかなり育ってから遅く生まれてくることで知られているが、これはライオンなどの肉食獣から隠れる場所が乏しいサバンナで、生まれてすぐに群れについていけるようにという重要な生き残り戦略と考えられる。人間に最も近縁なチンパンジーなどの類人猿も同様で、生まれてすぐに赤ん坊はしっかりと母親の身体にしがみついて片時も離れようとしない。

一方、人間の赤ん坊は未熟なまま生まれてくるので何ひとつ自分でできない。仰向けに寝っ転がって手足をジタバタと動かし、ただただ大声で泣き叫ぶばかりである。

では、なぜ人間は未熟なまま生まれてくるのか。もうお分かりのとおり、頭が肥大化した人間の特殊事情として、胎児が育ちすぎると骨盤の穴をくぐり抜けて産道から外へ出られなくなるから、そうなる前に未熟なまま生まれてくるのだ。つまり、人間が早産なのは積極的な生き残り戦略と言うよりも、やむをえずそうしている。ここに人間の悲劇の始まりがある。

■児童虐待のルーツ

人間の赤ん坊はなぜ泣くのか。一言で言えば未熟だからだ。他の動物で、赤ん坊がこんなにも泣きわめく動物がいるだろうか。なまじ脳が発達したがために、人間の赤ん坊は未熟なくせに生まれた時点ですでに一定の感情や欲求を持っている。なのに、未熟なためにその感情を自分で十分にコントロールすることができない。だから暑いとか寒いとか、腹が減ったとか喉が渇いたとかでいちいち欲求を訴え、それが満たされないと些細なことで感情を爆発させて泣き叫ぶ。

太古の昔、我々の祖先は森の中で暮らしていた。昼間は小鳥のさえずりやセミの合唱、サルの鳴き声などでにぎやかで騒々しい森も、夜ともなれば打って変わって静寂に包まれる。そんな夜の森の中で赤ん坊が泣けばはるか遠くにまで声が響き渡り、外敵に自分たちの存在を知らせてしまう。野生動物は我々が想像するよりずっと聴覚が発達していて、はるか遠くの物音を聞き分けることができる。

それでも風があれば木々のざわめきが多少なりとも泣き声をかき消してくれるだろうが、風のない蒸し暑い夜は最悪である。そしてそんな夜に限って、赤ん坊は必ずぐずって泣く。赤ん坊が泣くと母親は気が気でない。泣き止まなければ大変なことになる。何とか泣き止まそうと懸命にあやすが、親の気持ちを逆なでするかのように赤ん坊はますます大きな声を張り上げて泣き叫ぶ。母親は焦り、狼狽《うろた》えながらも必死にあやすが、赤ん坊はどうしても泣き止んでくれず手に負えない。すると、恐ろしいトラやヒョウ、オオカミなどの肉食獣がもうすぐそこまで迫って来ているのではないかと思と、恐怖のあまり母親はパニックに陥り、遂には泣き止まないわが子の口を夢中で塞《ふさ》いでしまう……。

ここに児童虐待のルーツを知ることができる。

こうして考えると、人間が直立二足歩行を獲得して脳が発達したその時から人間の赤ん坊は泣き叫ぶ生き物であり、手に負えなくなった母親が赤ん坊の口を塞ぐのは防衛本能によるものであり、進化の歴史上、人間はわが子を虐待することを宿命づけられた動物である、という肯定し難い結論にたどり着く。もちろんこれは児童虐待を正当化して言っているのではなくて、お腹を痛めて産んだ可愛いわが子を虐待する親があとを絶たないのはなぜか、という極めて素朴で純粋な疑問に対して、その根本原因を客観的に探っているに過ぎない。

そして驚くべきことに、ここで述べた人間が抱える生き物としての致命的な欠陥、あるいは哺乳類としての決定的な弱点について、人間自身はわが事なのにほとんど理解していないというか誰も認識していない。それが証拠に、「児童虐待はなぜ起こるのか？」という問いに対して、「人間の赤ん坊は時に親の手に負えない存在で、生物学的に見て虐待する宿命にあるから」と答える人は誰もいないし、仮にそう答えたとしてきっと誰からも共感されない。

では、ここまで私が述べてきたように、児童虐待の根本原因は本当にそんなにも短絡的で宿命的なことなのだろうか。もし本当にそうならば、そもそも原始時代の人間の母親は泣き叫ぶわが子を次々に殺《あや》め、よしんばそれを思いとどまったとしても次々にトラやオオカミの餌食《えじき》となって、哀れ人間は太古の昔に自然淘汰されて絶滅していたのではないか。それが絶滅どころかこうして繁栄を謳歌しているのはなぜか。

それはとりもなおさず、進化の過程において、泣き叫ぶわが子の口を塞ぐ前に何らかの対策を講じてきたからに違いない。

■ 哺乳類の子どもは、なぜ可愛いか

ところで、イヌもネコも、哺乳類の子どもがとっても愛くるしくて可愛いのはなぜか。それは、母親から可愛がってもらうため、愛情をもって大切に育ててもらう

ためだ。言い方を換えると、育児放棄などの虐待に遭わないためである。

哺乳類の子孫繁栄の基本戦略は、「少なく産んで大切に育てる」ことにある。この場合、可愛い子どものほうが母親から大切に育ててもらえる確率が高い。可愛いということは生き残るうえで有利に働くのだ。その結果、可愛い子どもの遺伝子がより多く受け継がれ、進化の歴史の中で哺乳類の子どもはますます可愛く進化する。

可愛いか可愛くないかはもちろん主観の問題だが、哺乳類の子どもと大人の顔を見比べると、例外なく子どものほうが丸い目をしている。オランウータンの子どもはクリックリのつぶらな瞳をしているのに、大人になると特にオスはかなりグロテスクになる。あのゴリラでさえ、大人は目つきが鋭いが子どもの目はまん丸だ。可愛いか可愛くないかは主観的だが、目が丸いか丸くないかは客観的な事実である。

高等と言われる哺乳類のほとんどは、見えているかどうかは別として生まれた時点ですでにぱっちり目が開いている。つぶらな瞳で母親にすがりつくことで、初産など経験の浅い母親が子育てを放棄することを多少なりとも防止していると考えられる。

この点では、人間の赤ん坊は甚《はなは》だ不利と言える。

人間の赤ん坊は未熟なまま生まれてくるので、生まれた時点でまだほとんど目が開いていない。そのうえ自ら母親に抱きつくこともできず、夜の静寂の森で、ただただ悪霊《あくりょう》にとりつかれたかのようにオギャー、オギャーと大きな声で泣き叫ぶ。太古の森で人間の母親は狼狽《うろた》え、焦り、どうしたら良いか分からず、生まれたばかりのわが子を抱きかかえて森の奥へと消えていったかもしれない。そして間もなく戻ってきた母親の両腕に、わが子の姿はなかった……。

■天使か、それとも悪魔の遣いか

二十一世紀の現代においてもなお、南米のアマゾン川やオリノコ川の奥地には、文明と未接触のまま石器時代の狩猟採集の生活を送っているイゾラド（未接触部族）と呼ばれる人たちがいる。ヘリコプターで上空から捉えた彼らの集落の写真を見ると、密林を切り開いた広場の真ん中に藁《わら》で葺《ふ》いた屋根だけのような家を環状に建てて暮らしている。

密林を切り開いているというのが重要なポイントで、密林に生息するジャガーなどの肉食獣は警戒心が強いので、身をさらすような開けた場所へは出て来ないことを彼らはよく知っているのだ。さらには環状というのが防御の基本形であり、いざというときには女や子どもは環《わ》の中央にいて守られるのだろう。

現代文明との接触をかたくなに拒み続けながらも、近年一部にテレビカメラが入ることに成功したヤノマミやマティスなどの部族がある。テレビカメラが捉えた彼らの子育てはあまりにセンセーショナルなものだった。彼らの死生観は多分に原始宗教に支配されているらしく、生まれたばかりの赤ん坊を生贄《いけにえ》として森の神に捧げたり、森の奥に遺棄して間引いたりといった、現代人には到底受け入れ難い行動ばかりが否応なく目に飛び込んできた。

しかし、原始社会の彼らのそうした価値観は、意外にもかなりのちの時代まで、その名残《なごり》のようなものが脈々と受け継がれていた。

わが国ではかつて、産屋《うぶや》と呼ばれる出産のための小屋が全国各地にあった。明治から大正そして昭和になってもなお、一部の地方に産屋が残っていたことが知られている。

子どもが生まれること自体はめでたいことに違いないが、昔は出産は穢《けが》れとする考え方が根強く、出産が近付くと産婦は人目を避けるように産屋にこもった。いわば産屋に隔離されたのだ。産屋は男子禁制で父親といえども出入りできない。出産後、母親と赤ん坊はそのまま一か月ほども産屋にこもり、食事は産屋において別火《べっか》で煮炊きしたという。

産屋の実態は今ではよく分からない部分も多いらしい。とはいえ、出産には産婆が付き添い、今でいう助産師の役割を果たしていたことは想像に難くない。現代と比べて格段に衛生事情も悪く知識も乏しかったその時代に、経験豊富な産婆がすぐそばにいてくれたことは産婦にとっては本当に心強かっただろう。昔は子だくさんで赤ん坊はどこにでもいたが、産屋が存在した時代には生まれたばかりの赤ん坊を村で目にする機会はまずなかったと考えられる。もちろん今のように映像や写真で見ることもない。だから初産の母親は初めて見る生まれたばかりの赤ん坊の姿に最初は驚き戸惑いながらも、産婆から新生児の扱いのあれこれを手取り足取り教わったに違いない。

当時のこと、家に帰れば子育てや家事に加えて野良仕事という重労働が待っていた。封建的家父長制のもとでの夫や舅《しゅうと》、姑《しゅうとめ》からの精神的従属下にもあった。一か月の間しばしそうしたものから解放され、産後の体力を回復させながら、母と子のかけがえのない時間を過ごしたことだろうと想像する。

ところで、今でも宮参りという風習がある。生まれて一か月を迎えると、子どもの健康を祈願して親子でお宮に参る。しかし、この「子どもの健康祈願」というのは後付けの理由、いわば現代風にアレンジした解釈と言ってよい。子どもの健康祈願というのなら、生後一か月は少し早すぎる。実際まだ首もすわっていない赤ん坊を連れて外出し、神社の急な石段を登ったりすることに今の親は抵抗を感じ、二か月から三か月以上も経ってから参る人が多いという。

では、宮参りの本来の目的は何か。それは、村の氏神様《うじがみさま》に子どもが生まれたことを報告し、村人の一員として認めてもらうことだ。言い換えると、神様に人として認めてもらうこと。つまりそれまでの生まれてからの一か月間は人として正式に認められていないということだ。だから産屋に隔離しても平気なのだ。

わが国でもかつて江戸時代には嬰児《えいじ》殺し*が間引きと称して公然と行われていたという。明治期に入ってさえ大きな罪にならなかったというのはこうした考え方が背景にある。

このような、生まれたばかりの赤ん坊を人として大切に扱わない価値観は、時代が下るとともに薄まりながらも近代に至るまで脈々と人間社会に受け継がれてきたと考えられる。人間の子どもは未熟なまま、時には目も開いていない状態で生まれ、まだ本当の意味で人間らしい顔をしていない。そのうえ、時に悪霊にとりつかれたように泣き叫んで手に負えない。原始の社会では「天使」どころか「悪魔の遣い」

*生まれたばかりの子どもを親が殺すこと。

のように思われたとしても何ら不思議はない。昔は生まれてきてもすぐに死んでしまう子も多かった。だから産屋に隔離して、元気に育って可愛くなってから宮参りを終えてやっと晴れて村人の一員として迎え入れた。逆に言えば、生まれたばかりの赤ん坊は村人の一員として受け入れ難かったのだろう。

■第一次反抗期（イヤイヤ期）とは

さて、進化の過程で人間が抱えた出産にまつわる特殊事情と、未熟なまま生まれてくる赤ん坊の育てにくさについて述べてきたが、実はこれだけで終わらない。人間の悲劇はまだまだ続く。

類人猿の一種であるオランウータンは、子どもが六歳から七歳になるころまで授乳を続けるという。愛くるしい顔をしたオランウータンの子どもが、ジャングルの高い木の上で母親にべったりと寄り添って母と子の濃密な時間をゆっくりと過ごす。

その様子を思い浮かべると微笑ましくもあり、何だかうらやましくもある。

ところで、一般にこの授乳期間中は、母親は次の子を身ごもることはない。哺乳類の基本戦略は「少なく産んで大切に育てる」ことなので、授乳期間中はホルモンの働きで排卵が抑制されるのだ。その結果、オランウータンの母親は生涯に多くて四匹ほどしか子どもを産み育てることができないという。これは逆に言うと、四匹も産み育てれば十分に個体数を維持できる、つまり種を維持できるということだ。

では人間はどうか。現代において人間の授乳期間は、国や社会の仕組み、衛生事情や経済事情、人々の考え方や文化などによって様々だ。女性の社会進出が著しく進んだ今日のフランスでは、授乳期間はわずか三か月ほどというのが当たり前らしい。

一方、WHO（世界保健機構）は、二歳までは母乳で育てることを推奨している。そもそも世界には、粉ミルクを溶かす清潔な水が手に入らない国や地域も現に存在し、母乳以外に栄養面や衛生面で十分な離乳食が入手困難な国もいくらでもある。

こうして考えると、現代においては人間の授乳期間は子どもの事情というより親や社会の事情によって決まるので、生き物としての人間の授乳期間がどれほどかは正直よく分からない。

ところで、若いお母さん達の間で「魔の二歳」とも呼ばれるように、人間の子どもは二歳ごろをピークにいわゆる「イヤイヤ期」を迎える。それまで母親にべったり甘えていた子どもが、急にイヤイヤを言って聞き分けが悪くなり、カンシャクを起こしたり、できるはずのないことを自分でやりたがってギャン泣きしたりして親をほとほと困らせる。赤ん坊のころの夜泣きから解放されたのもつかの間、あまりの聞き分けのないわが子に、初めて経験する母親はイライラを募らせて声を荒げたり、思わずキレて手をあげてしまったり。父親は父親で「お前のしつけの仕方が悪いからだ！」と、根拠もなく自分の妻を責めて夫婦関係が悪くなったり、このころからDVが始まったり。

こうして考えると、あらためて人間の子どもは親をイライラさせる天才だと思う。このイヤイヤ期は子どもが成長する過程で経験する第一次反抗期であり、自我の目覚めであり、自立への第一歩であると言われている。

ところで、ではなぜこの時期なのか。まだたった二歳なのに、なぜこんなにも早く自我が目覚め、自立への第一歩を踏み出さなければいけないのか。

こんな仮説はどうだろう。

イヤイヤ期とは、乳離れを促すために哺乳類のDNAに組み込まれた「自動卒乳装置」だという考えだ。授乳期は哺乳類の母と子にとって愛着を形成し絆を深めるという意味で、互いにとって幸福な時間に違いない。だとすると、何らかの手立てを講じないと乳離れが遅れていつまでも授乳が続く可能性がある。

授乳期間が長びいて何か問題があるかというと、大いに問題がある。子どもの自立が遅れるとか、母体に負担がかかるということもさることながら、その間、次の子を産めないという問題がある。授乳が終わればホルモンの働きが元に戻って再び排卵が始まる。だから子どもの親への依存心を少し緩めて、子どもの側から自然に乳離れしていくように仕向ける必要がある。子どもはいつか親から離れて自立しなければならない。乳離れはその第一歩なのだ。

■人間の悲劇、第二章

そして、ここに人間の次なる悲劇があった。

人間の子どものDNAには、まだおっぱいが恋しいわずか二歳で、無理やり乳離れするように強烈なイヤイヤ期が仕組まれているとしたら……。これまで述べてきたように、人間の赤ん坊は早産で未熟なまま生まれてくる。その後の成長もかなり遅く、だから人間の二歳はオランウータンの二歳よりもずっと未熟といえる。なのに乳離れははるかに早い。それはなぜか。

人間には、早く次の子を産まなければならない、やんごとなき事情があるからだ。

太古の森で、未熟なまま生まれてくる人間の子どもはその分だけ疫学的にも死亡率が高かったと考えられる。さらには、未熟なまま生まれてくるがために育てるのが大変な人間の赤ん坊は育児放棄に遭った可能性も高いし、当然に事故のリスクも高く、外敵に襲われる確率も高かったと想像できる。だとすると、その分を取り戻して子孫を残すためには、結局のところたくさん産むしか方法がないのだ。

一般に、哺乳類は授乳期間中には排卵が抑制される。排卵が抑制されるということはつまり発情しないということだ。ライオンには子殺しという恐ろしい習性が知られていて、群れを乗っ取って新しく群れのボスとなったオスのライオンは、群れの中に授乳中の子どもがいると次々にかみ殺してしまうという。これは授乳しているとメスが発情しないので、前のオスの子どもを殺して早く自分の子孫をつくるためと言われている。「自分の子孫をつくるため」という説明は学術的な意味において実に正しい。しかしそれは言い換えれば、「自分の性欲を満たすため」ということだ。全く同じことが、スリランカに生息する高等なサルの仲間であるハヌマンラングールや、最近ではわが国のツキノワグマでも観察されている。

子殺しの話は例として適切でないかもしれないが、次の子を産むためには早く授乳を終わらせなければならないのは、人間も哺乳類である以上、根本的な事情は同じである。現代人においてさえ、粉ミルクで子育てしている女性よりも母乳で子育ていている女性のほうが、出産後の最初の月経が大幅に遅れることが知られている。そして人間には、オランウータンのようにゆっくり六年も七年も授乳している余裕などありはしない。

人間は、進化の過程でやむをえず早産にシフトしたことによって乳児の死亡率が高まり、その分を取り戻すために今度は多産に後戻りする方向にシフトした。つまりは、「少なく産んで大切に育てる」という哺乳類の基本戦略の軌道修正を余儀なくされたのである。それは軌道修正と言うよりも、基本戦略の後退あるいは失敗と言ったほうが正しいかもしれない。

その結果、人間の母親は条件さえ許せば生涯に十人以上も子どもを産むことが可能になった。実際、わが国でも戦時中には「産めよ、ふやせよ」の政策のもと、子どもが五人から十人もいるのが当たり前だった。しかもその時代だけ突出して多かったわけでは決してない。それ以前の明治期から昭和初期にかけても、子ども五人以上はいたって普通だったのだ。

経済が発展し、食糧事情も衛生事情も格段に向上して初めて「少産少死」の社会が出現するのであって、人間の社会はもともと「多産多死」だったのだ。そのように人間は「進化」してきた。

そしてその結果、可愛い盛りの歳ごろに人間の子どもは親の言うことを聞かなくなり、カンシャクを起こして大声で絶叫し、物を投げたりギャン泣きしたりして手に負えなくなる。そしてそのことが親に無用のストレスを与えるばかりか、太古の森では子どもが泣き叫べばトラやオオカミを呼び寄せるという恐ろしい事態を招き、そのことによるリスクは子どもの死亡率を高めるだけにとどまらない——これを負のスパイラルと言わずしてなんと言おう。悪循環を絵に描いたような人間の進化の失敗。

魔の二歳、天使に再び、悪魔が取り付く。

そんなわけで、二歳のわが子がぐずって聞き分けが悪くなったとき、それは決してわがままやだだっ子ではないと知るべきだ。本当はまだおっぱいが恋しくて甘えたいのに、自分から卒乳しようとして子どもなりにもがいているのだ。しかも、それはパパとママが愛を育んで次の子宝を授かるために、二歳のわが子が子どもなりに努力しているというメッセージだと理解すればよい。

■母性本能とは何か

ところで、この章の終わりに、「母性本能」という言葉について触れておきたい。母性本能とはいったい何か。誰でも知っている言葉なのに、まともに説明できる人はいない。

それもそのはず、そもそも母性本能というのは俗に言われる言葉であって学術用語ではない。つまり、学術的にはそのような概念は存在しないのだ。学校の理科や保健の授業でも習わなかったはずだ。

にもかかわらず、「女性には母性本能があるから、子育てなんて女性なら誰にでもできるはずだ」と信じて疑わない男性がいまだにいるとしたら、それは、ありもしないものを根拠に、勝手に子育ての役割と責任を女性に押し付けているだけだ。母性本能という言葉を狭義に使う場合、それは「自分は犠牲になってもわが子を守ろうとする母親の生得の性質」というように解される。これならば一理あるかもしれない。

以前、俳優の天野鎮雄氏の講演を聞いた際に、記憶によれば確か次のような話があった。

太平洋戦争の末期、まだ子どもだった天野氏が母親に連れられて町を歩いていたときのこと。突然けたたましく空襲警報が鳴り響き、次の瞬間、身体じゅうにドーンと重いものを感じてその場に押し倒された。気付いた時には、天野氏の身体の上に母親の大きな身体が覆いかぶさっていた。母親は、米軍機の機銃掃射に撃たれて、天野氏の身体の上で天に召されたという。

この話を聞いたとき、男である私ならどうしただろうと考えさせられた。とっさにわが子の手を引いて物陰に向かって走るぐらいのことはしたとしても、はたして自分の身を盾《たて》にしてまでわが子を守ろうとするだろうか。こう考えると、少なくとも私の場合、この点に関して絶対に女性には勝てないと思えてくる。だがそのこと、だから女性なら誰でも子育てができるということとは一分《いちぶ》も結びつかない。それどころか、泣き止まない赤ん坊の口を夢中で塞いでしまうのもまた、人間の本能の一面であることは先に述べたとおりである。

「本能」が生き物にもともと備わっている、ある種の能力としての行動や機能を指すとするならば、「母性」は性質や気質である。そして性質や気質はホルモンの働きが密接に関与している場合があって、何かのきっかけでホルモンの分泌が促されたり抑えられたりして急に変わることがある。「出産によって母性に目覚める」というのがこれにあたる。しかし、目覚めたところで母性それ自体は能力ではないので、それだけですぐに子育てができるということにはならない。

母性の反対は父性であり、例えて言うと次のようなことだ。

「よちよち歩きのわが子が、よちよちと歩いていく先に小さな段差があって、このまま進むと転ぶと分かったときに、とっさにわが子のもとへ駆け寄って抱き上げ『ここは危ないからあっちへ行こうね』というのが母性。

一方、転ぶと分かっていながらあえてそのまま見守っていて、転んで泣いて、泣きながら自分で立ち上がって戻ってきたわが子を抱き上げて、『そうかそうか、痛かったたな。でもよく自分で立っちできたね』と、わが子が成長していく姿を一歩引いて見守るのが父性である」（以上、NPO法人ファザーリング・ジャパン　榊原輝重氏の講演から引用。）

一般に、女性は母性が強いがために育児でストレスをためやすいことが容易に想像できる。わが子の一挙手一投足に神経質に気を配り疲れてしまうのだ。そして、見ていても見ているだけで手を出そうとしない父性の強い夫に対して、育児に協力的でないと感じて二重にストレスをためるのである。

一般に女性は母性が強くて男性は父性が強い。しかし、実は女性にも父性があり、男性にも母性がある。どちらが良いとか悪いとかではない。大切なのはそのバランスであって、結局どちらか片方だけでは危うい。つまりは男女の協力が大切ということだろう。

第二章

原始時代の子育て

■社会的動物

さて、ここまでの話だけなら、人間の進化の歴史は出産と子育てに関する限りあまりにも悲惨かつ無能で、屈辱と敗北にまみれたストーリーで終わってしまう。しかしそんなネガティブな話だけでなく、進化の歴史の中できっと人間は、最大の強みである知恵を絞って困難を克服してきたに違いない。

進化というと身体の形態や機能を適応させたり変化させたりすることばかりを想像しがちだが、実はそれだけではない。習性や生態を変えることも進化の重要な要素だ。

社会的動物。

哺乳類の多くは身を守るために群れをつくり、群れの力によって外敵から子どもを守ろうとする。哺乳類は「少なく産んで大切に育てる」のが基本戦略なので、少ない子どもが外敵に襲われないよう群れで大切に守っているのだ。

しかし、実際には群れで外敵から身を守るといっても単に寄り集まっているだけの群れも多い。例えばアフリカのサバンナで暮らすヌー（ウシカモシカ）のように、大きな群れをつくる草食動物の多くがそうだ。群れの中で母親と子どもは一対一の関係で、母親が自分の子どもの世話をしているだけで、群れのほかの仲間は何の手助けもしてくれない。大きな群れの中にいればライオンなどの捕食者が群れの内部に入り込むことは少ないだろうし、仮に入ってきたとしても単独でいるよりは大勢でいたほうが、自分が襲われる確率が低くなる。要は大勢で一緒にいた方が少しは安心、というだけの話だ。この場合、群れの中に役割分担や共同作業のようなものは基本的に存在しない。

これに対して、一夫多妻制の群れをつくるサルの仲間は、一頭のオスがリーダーの役目を担っているので、その意味では群れの中に明らかに役割の違いがある。

ライオンの群れには、狩りや子育てで役割分担や共同作業があることが知られている。ライオンも一夫多妻制で、一頭の強いオスが複数のメスを従えて群れをつくる。ライオンの狩りはメスの仕事で、メスたちは協力してチームで狩りをする。狩りは若くて元気なメスが中心になるので子育て中の母親も当然に参加し、狩りの間、子どもたちは年とったメスが世話をする。

このような群れの中での役割分担や共同作業は、ライオンのほかにもサルの仲間やゾウなど、群れで暮らす多くの高等な哺乳類で知られている。

■原始共産制社会

では、原始の人間社会はどうか。

原始時代の人間は、「原始共同体」と呼ばれる集団を形成して暮らしていた。その集団は動物の群れから発展したものに違いないが、群れとは根本的に異なる性質があることから「共同体（コミュニティ）」と呼ばれる。

共同体の男たちはみんなで連れ立って狩りや漁に出かける。狩りや漁ではみんなが協力して、力を合わせて獲物を仕留める。それぞれが決められた役割を果たすことによってチームとして狩りを行い、一人では到底太刀打ちできない人間の身体よりもずっと大きな獲物を仕留めたりもした。

一方、女たちもみんなで連れ立って近くの森や海辺、川などへ出かけ、食料となる野草を摘んだり木の実を採ったり、芋を掘ったり貝を拾ったり、あるいは煮炊きに使う木切れや小枝を集めたりした。

こうしてみんなで力を合わせて得られた収穫は、共同体のみんなで一緒に煮炊きして、一緒に仲良く食べた。

原始社会についてこのように語ると、それは所詮、想像の域を出ないだろうと思う人がいるかもしれないが、誤解である。前述のように、二十一世紀の現代においてもなお南米の奥地には石器時代の部族が現存しており、その他にも近現代に至るまで狩猟採集を中心とする原始の生活を営んでいて、いきなり文明社会と接触した部族が世界各地にたくさん知られている。先住民と呼ばれる彼らは、ほぼ例外なく大家族がいくつも寄り集まった共同体で身を寄せ合い、互いに助け合いながら暮らしていた。共同体は三、四十人から中には百人ほどの規模のものまで様々ある。「共同体（コミュニティ）」と言ってもむしろ「家族（ファミリー）」と同じと思ったほうが理解しやすい。原始共同体と家族の違いは、規模の違いのほかは主に血縁関係の違いだけで、果たす役割や機能に大きな違いはない。

原始共同体では、そこに住む人たちの多くが生まれてから死ぬまでずっと一緒にそこで暮らし、生活の何から何までを共にする。その中には親子、きょうだいのように血縁関係のある者もいるが、血縁関係のない者やはっきりしない者もいる。それでも全員が顔と名前を知っていて、それどころか性格や生い立ちまで互いに知っていたりする。生きていくために協力して狩猟や漁労あるいは採集に出かける。そこには男女や年齢、経験、能力などによって役割分担があるが、得られた収穫はみんなで一緒に仲良く分け合って食べ、結果として平等に分配、消費される。

この場合の「平等」は「均等」とは違う。能力に応じて働き、必要に応じて消費するのだ。これが原始共同体の基本原理である。狩猟採集や食事の場面で差配する長《おさ》はいても、長自身も役割を持って働き、そして一緒に食べる。決して権力者でもなければ支配者でもない。

このように述べると、血縁関係のない人間同士が普遍的にそのような絆で結ばれて生きていたことを疑問に思う向きがある。大規模なものでは百人にも及ぶ共同体において、支配者がいない、つまり強制力が働かない中でそのような労働と消費の不文律が永年にわたり安定的に続いたことを信じ難いと言う人がいる。

しかし、食べることが生きることと同義である暮らしの中で、食べるためにみんなが結束して協力し合い、一人ひとりが精一杯働くことはむしろ当たり前で自然なことだ。仲間うちで分配をめぐって争ったりする余裕などなかっただろうし、逆に争う必要もなかったかもしれない。小さないさかいはあったとしても、年長者や長老がいさめて解決した。そして、もし共同体の中で争いが続いて結束が失われるようなことがあれば、その共同体は生産力を失ってみんな飢えて死ぬか、分散して周囲の他の共同体に吸収される、つまり淘汰されるだけだ。こうして人間は、みんなが結束して協力し合う方向へと進化を遂げたのである。

蛇足ながら、人間は農耕を営むようになって初めて大規模な集落を作り集団で暮らすようになったと思っている人がいるなら、それは全くの誤解である。わが国でいえば縄文時代はもちろんのこと、それ以前の新石器時代も、さらに前の旧石器時代も人々が集団で暮らしていたことは、残された遺跡からも明らかである。おそらくは、人間がサルから進化してヒトとなった時点ですでに集団で暮らしていた。もっと言えば、ヒトとして進化する以前のサルの時代から群れで暮らしていたのだ。

■縦の絆と横の絆

さて、ここまでで述べてきたように、人間がもともと社会的動物であることは疑う余地がない。人間がこの地球上に出現した太古の昔から、我々の祖先は恐ろしいトラやオオカミなどの肉食獣から身を守り、子どもを守るために群れ＝集団を形成し、その中で役割を分担し助け合って暮らしてきた。群れがいつごろどのようにして原始共同体に進化したのかは定かでないが、少なくとも遺跡など人間の生活の痕跡が残っている時代にはすでに共同体を形成していたことは間違いない。

　ところで他の動物の場合、例えばヌーなどの草食動物の群れは、血のつながりと関係なく群れとして寄り集まっていたとしても、絆で結ばれているのは親子の関係だけだ。つまり縦の絆だけで横の絆は認められない。

　ライオンの群れは仲間同士での分業による助け合いがあるが、実はライオンの群れは、正しくは群れを従えている一頭のオス以外はすべて血の繋がった家族である。しかもその一頭のオスも、リーダーというより日常的には「ヒモ」のような生活をしていて、その意味ではやはり縦の絆だけで、横の絆と言えるほどのものは事実上存在しない。

　人間と同じく共同体（コミュニティ）を形成する動物がいる。ニホンザルや、類人猿の中でも最も人間に近いと言われるチンパンジーなどである。彼らの群れの中には、血の繋がっていない複数の大人のオスと、同じく血の繋がっていない複数の大人のメスがいるので、家族とは明らかに形態の異なる共同体（コミュニティ）である。そして共同体の中で互いに助け合って暮らしているので、その点では血の繋がりを超えた助け合い、すなわち横の絆があると言える。

とはいえ群れの中の大人のオスは、互いに仲間というよりもメスを巡って熾烈《しれつ》なライバル関係にある。オスの間には序列があって、普段は無用な争いが起きないようお互いに序列を確かめ合うような行動をとっているが、その裏でリーダー（ボス）の座を虎視眈々《こしたんたん》と狙っている。そしてボスであるオスにひとたび事故があったり衰えが見え始めたりすると、他のオスがこれをサポートするのではなく、逆に力ずくでボスの座を奪い取る行動に出る。つまりメスとメスの間には横の絆はあっても、オス同士の横の絆は存在するとは言い難いのだ。

この点、人間の共同体は縦の絆だけでなく血の繋がりを越えた横の絆が男にも女にも当たり前に存在し、縦と横の絆で強い結束があるのが最大の特徴と言える。

もちろん人間にも闘争本能があり個体間競争があるので、原始共産制社会にも争いごとはあった。争いどころか、ニューギニア高地人やボルネオのイヴァン族などはかつて首狩りの風習があったことで知られる。しかし、これは隣の共同体との狩場や収穫の場を巡る争いであり、裏を返せば共同体内部の結束の強さの証し、とも言える。

先に「人間は社会的動物である」と述べたが、正しくは「人間は高度な社会的動物である」と言うべきかもしれない。そしてこの高度な社会性つまりは縦の絆と横の絆で結ばれた共同体こそが、人間の進化の歴史において人間が人間として生きていくためのよりどころであったと考えられる。

他の動物の群れには見られない、仮に見られたとしても限定的、断片的で未成熟な横の絆が、人間の共同体には普遍的に当たり前のものとして存在する。これこそが人間の特徴で最大の強みであり、人間の優位性ともいうべきものだ。ゴリラやチンパンジーなどの類人猿と比べても、あまりにもひ弱で身体能力の劣る人間。しかも、出産と子育てに大きなハンディを背負い、子どもの存在が生きるうえで致命的な足かせになりかねなかった。そんな人間が、太古の森で力強く生き抜くことができた理由がまさにここにある。

■原始時代の子育て

原始共同体における横の絆は、生まれ落ちた共同体の中の、そこに暮らすすべての人との間に結ばれる。そして共同体では生活のあらゆる場面でお互いが助け合うので、当然に子育ても共同体のみんなで助け合う。

赤ん坊が泣き止まなければ女たちが次々にやって来て、代わる代わる抱き上げてあやしてくれただろう。近くの川へ水浴びに行くときには、川岸へ下りる滑りやすい急な土手の斜面では、女たちが手渡しで赤ん坊を運んでくれた。女たちが食事に使う野草を摘んだり、煮炊きに使う木切れを拾ったりするために森へ出かけるときには、赤ん坊のいる母親も産後の肥立ちがよくなれば一緒に出かけた。その間は、赤ん坊の世話は年配の女たちが見てくれるから心配ない。

そもそも原始共同体は家族も同然なので、誰かの子どもをみんなで世話するのは当たり前のことだった。それどころか、「誰かの子ども」というより「誰かが産んだみんなの子ども」だったに違いない。

原始共同体の年齢構成は典型的なピラミッド型なので、大人よりも子どものほうが圧倒的に多い。だから子どもといえども少し大きくなれば小さな子どもの世話をするのは当たり前のことだ。自分が出産する年頃にはすでにたくさんの子育ての経験を積んでいて、赤ん坊の扱いなどお手のものである。「三十歳過ぎて初産《ういざん》で、自分の子どもで初めて赤ちゃんを抱いた」などという現代人の子育ては、とても同じ惑星《ほし》の出来事とは思えない。

こうしてみんなで協力して子育てすることにより、子育ての知恵や工夫や経験は共同体のみんなに共有され、受け継がれ、そして自然に蓄積されていく。

つまり、共同体はそのまま共同保育所なのだ。それも経験豊かな保育士がいっぱいいいる保育所だ。だから母親は、子育てで悩んだり心配したりする必要など初めから全くない。母親の役目といえば、母乳を与えることと愛情いっぱいにわが子を抱くこと、夜はわが子と一緒に寝ること、それだけだった。

だからもしも母乳が十分に出ないとなると、これは深刻だったかもしれない。大きな共同体では常に何人も乳飲み子がいたので、誰かが代わりに授乳してくれることもあっただろう。しかし、小さな共同体ではそれも限界がある。だから土偶などには乳房の大きな女性がかたどられていたのだ。母乳が十分に出ること、それだけが当時の人間の母親の切実な願いであり、子育ての心配事だったかもしれない。

■原始共同体から村落共同体へ

こうして人間は、原始共同体という共同保育所でみんなが協力することで特有の子育ての困難を乗り越えてきた。しかし、長い時間の経過の中でその原始共同体も少しずつ形を変え、そして遂には共同体そのものが解体するときがやって来る。

人間がどんなに他の動物と違って縦の絆と横の絆で結束して助け合って生きてきたとしても、人間も生き物である以上、種内競争、つまり人間同士の競争というものがある。進化論について語られるとき、とかく種間競争ばかりが強調されがちだが、進化の原動力として、実は種間競争よりもむしろ種内競争の果たす役割のほうが大きいと言われている。種間競争は工夫次第で避けて通ることができるのに対し、種内競争は決して避けて通ることができないからだ。そしてこのことは人間も例外ではない。

動物は生息密度が高くなりすぎると、種内競争によるストレスを感じて群れの内部での衝突が増える。エサ不足などによる共倒れを避けるために、分散しようとする力が働くのだ。人間も同じで、縦の絆と横の絆で結ばれた原始共同体といえども、ストレスに起因する小さないさかいやもめ事は始終あった。

人間は、狩猟採集の生活からやがて農耕を営むようになって大幅に生産力を向上させた。特に穀物の栽培は食糧の備蓄を可能にし、一時的な食糧不足や飢えから解放されて人口が増加する。原始共同体は人口密度が高まり、一時的に過密状態になったかもしれない。

こうした中で、原始共同体は少しずつ解体して村落共同体へとその姿を変えていく。それまで肩を寄せ合って暮らしていた人々が徐々に分散し、家族ごとに暮らすようになったのだ。夜寝る時はもちろん、毎日の食事や、日々の生活に必要な農作業を家族単位で行うようになっていった。

とはいえ家族だけではできないことや、これまでのようにみんなで協力したほうが都合の良いことがある。その典型が開墾や灌漑などの土木作業であり、年に何回かの大規模な作付けや収穫であり、そして日々の子育てだった。

寝食は家族単位ということは、子どもに食べさせるのは家庭の役割ということだ。しかし、むしろそれ以外の子育ては、これまでどおり周りの家族がお互いに助け合いながら面倒を見合った。それは近所の取り決めや申し合わせなんかではない。もともと原始共同体の時代から子育てはみんなで協力してするもので、人間の子育てとはもともとそういうものなのだ。

ここで言う村落共同体とは、いわゆる「ムラ」や「ムラ社会」と呼ばれるものである。村落共同体は古代から中世にかけてはもちろんのこと、わが国では近代になり明治から大正、昭和に入ってもなお農村部に強固に存続していた。そして、わが国で村落共同体が名実ともに消滅するのは、実に戦後の農地改革を待ってのことである。

■人間社会の宿命的ジレンマ

ところで、人間の歴史上、社会の発展と家族の変化には、世界共通の単純な法則があることをご存じだろうか。

人間の歴史とはすなわち文明の発展の歴史であり、科学の進歩の歴史であり、それは言い換えると生産力の向上の歴史でもある。

初めは単純な道具を使い、やがて高度な道具を使うようになり、それをさらに発展させて機械をつくり出し、遂には蒸気機関を発明して動力で機械を動かした。動力を用いて工場で大規模生産を行うようになり、さらには電気を動力として活用し、科学技術を格段に進歩させてコンピューターで生産を管理するに至る。人間に知恵のある限り、人間の歴史において生産力の向上はとどまるところを知らない。

そして、生産力が向上すればするほど、家族の規模は平均して小さくなる。つまり、ひと家族の人数が減るのだ。これは世界共通、人類共通の歴史の発展の法則である。

だから見方を変えれば、人間の歴史は家族の縮小と解体の歴史でもある。分かりやすく「家族」と言ったが、原始共産制社会ではそれが原始共同体だった。農耕の始まりとともに原始共同体が解体して大家族となり、大家族も時代とともに次第に人数を減らしていく。産業革命が起こって生産力が飛躍的に向上すると、都市部では遂には核家族が出現する。それが現代に至っては、核家族はおろか単身世帯さえもが普通になった。事ここに至って、遂に生活単位としての家族さえもが解体するのである。

では、生産力が向上すると、なぜ家族の規模が小さくなるのか。

家族とは、生活の再生産単位、つまり生活の糧《かて》を得るための一番基礎的な集団である。人間は、食べていけるのであれば家族といえども大勢である必要はない。食べていけさえすれば、何なら一人でも良いかもしれない。逆に言うと、一人ではやっていけないから家族で生計を立ててきた。大昔は、家族だけでは生きていけないから共同体で大勢が力を合わせて暮らしていた。だから生産力が向上すれば社会全体として家族の規模は次第に小さくなり、遂には一人でも暮らしていける社会が出現する。

人間の長い歴史の中で、原始共産制の時代が圧倒的に長く続いた。これは、この時代は弓矢や石斧《いしおの》といった程度の道具しかなく、遅々として生産力が向上しなかったからだ。それが農耕を行うようになって大幅に生産力が高まり、これを契機として原始共同体の解体が始まる。そしてその後は産業革命を経て時代が下って現代に至るまでに、生産力の飛躍的な向上によって怒涛《どとう》のように家族の縮小から解体へと突き進むのである。

人間は元来、社会的動物であって決して独りでは生きていけないはずなのに、一方で人との関わりがわずらわしい矛盾した存在だ。それは個人のわがままとか身勝手とかではなく、生き物の本質としての種内競争による対人ストレスに起因する。生き物としての人間のいわば本能であり、避けて通れない自然の摂理である。

かくして人間は、縦の絆と横の絆によって困難を乗り越えて繁栄を築いてきた結果、生産力が向上して豊かになればなるほど人間関係が希薄になるという、宿命的ジレンマの中に生きている。

第三章

核家族化の進行と地域社会の変容

■ 核家族化の初期段階

生産力が向上して社会が経済的に豊かになるにしたがい、これに反比例して家族の規模が徐々に小さくなる。そして、家族の規模が小さくなって遂に核家族になると、子育てに関して重大な問題が発生する。

核家族は、子育ての知恵や経験、ノウハウを、親から子へと世代を超えて伝承することができない。子どもは親のすることを見よう見まねで学ぶのに、子育てについて学びたい時、教えてほしい時には、学ぶべき親はもうそこにはいないのだ。

とはいえ核家族化が進んだ初期のころは、核家族とは言いながら多くの場合、親きょうだいが隣近所に住んでいたし、村落共同体が根強く残っているうちは、今どきの感覚で言えば鬱陶《うっとう》しいぐらい周りのみんなが手を出し口を出し、村じゅうのみんなで子育ての世話を焼いてくれたので何の心配もなかった。

時代が進んで都市部などで村落共同体が消滅しても、代わりに地域コミュニティが残っているうちは、子育てに関してまだ大きな問題が起こることはなかった。

わが国で初めて国勢調査が行われた大正十年（一九二〇年）の時点で、すでに核家族が過半数を占めている。意外に思われるかもしれないが、わが国では明治時代に産業革命の成果が海外からもたらされて工業部門の生産力が一気に高まったので、都市部で核家族化が進んだのはむしろ当然と言える。

ただ、この時代の人口の八割は農村部にいた。農村部でも核家族化が進んだ背景については、当時の家父長制の考え方と旧民法の家督相続制度*の影響によるところが大きい。つまり、長男が家を継いで両親の面倒をみるということは、逆に言えば長男以外は分家して出ていくので核家族が増えるということだ。この時代の合計特殊出生率**は実に五・〇を超えていたので、長男以外のほうがずっと多いのだ。とはい

*旧民法（明治三十一年）では、戸主《こしゅ》の身分と全財産を、一人の家督相続人（通常は長男）が継ぐこととされていた。

**15～49歳までの女性の年齢別出生率を合計したもので、一人の女性が一生の間に生む子どもの数に相当する。

え分家して出ていくと言っても実は同じ村落の、それも隣近所に住んでいる場合が多かった。同じ敷地内の別棟に住んでいても統計上は核家族なのだ。しかもこの時代の農村部はムラ社会そのもので、村落共同体が強固に存続していた。だから子育ては隣近所に住む親きょうだいを含めた村の人たちがみんなで寄ってたかって面倒を見てくれたので、形式上は核家族化が進んだとしても、子育てに関して実際は何の問題もなかったと言える。

一方、都市部においても「向こう三軒両隣」とか「遠くの親戚より近くの他人」という言葉に象徴されるように、ムラ社会の仕組みや風習が地域コミュニティの中にしっかりと根付いていた。つまりは子どもが生まれれば隣近所が世話を焼いて面倒をみるのがまだ当たり前の時代だった。

■核家族化の進行と地域コミュニティの消滅

わが国で本当の意味での核家族が定着するのは、戦後の高度成長期である。この時代は、人々の価値観として、核家族であることが当たり前のこととして浸透した時代と言える。

この時代の子育て世代にとって、多くの場合、自分の親は明治か大正の生まれである。戦争を挟んで時代があまりにも大きく変貌し、親子であっても価値観が合わなくなっていた。だから親の時代の子育ては非科学的で時代遅れと思うのはむしろ当然で、嫁と姑《しゅうとめ》の確執なども絡んで三世代同居が敬遠されるようになる。三世代同居なんて前時代的で嫌だと思う若い人が増えたのだ。そして、長男であっても結婚して親と別居するのが珍しくなくなった。

そして何よりも、そうした選択権を若い人の側が持つようになった。それだけ個人の自由が尊重されるようになったということだ。若い人は若い人の自由な感性で自由にのびのびと子育てすれば良いという個人主義の風潮が広まり、「ニューファミリー」という言葉が生まれ、「教育ママ」なる人種まで出現した。

ちょうどそのころ、都市の郊外では盛んに宅地造成が行われて団地が建ち並び、子育て世代の若い夫婦がこぞって移り住んできた。団地内の公園や近所の市場、スーパーなどでは親子連れや子どもたちの姿が溢《あふ》れた。そこでは同世代の子育て家庭の交流や情報交換が盛んに行われ、もはや近所の世話焼きや、親から子への世代を越えた子育ての知恵や経験の伝承の重要性は、一顧《いっこ》だにされることなく忘れ去られていった。

こうした個人主義の浸透は、地域コミュニティの衰退に拍車をかける。若い人が主役の社会では年長者への敬意は薄れ、近所の世話焼きおばさんやおじさんたちの口出しは「大きなお世話」と受け止められるようになる。年配者の間でも、次第に若い人への遠慮が生まれるようになった。

しかし、たかだか十年も経つと団地では早くも子どもの姿はまばらとなり始め、三十年後には団地住民の高齢化問題が取りざたされるようになる。こうして、かつて長い間にわたり強固に子育て家庭を支えていた地域コミュニティは、わずか一世代ほどの間に跡形もなく消滅していったのである。

■史上初めての挑戦

高度経済成長も終わりを告げ、いよいよ本格的な少産少死の時代に突入する。少子化が進んだ地域社会では、かつてのように親子が一歩家の外へ出ると同年代の親子連れが近所に溢れている、というようなことは全くなくなった。地域の世話焼きおばさんやおばあさんに至っては、とっくの昔に「絶滅危惧種」となっていた。

かくして、若い夫婦あるいは若い母親による、史上初めての挑戦が始まる。「孤育て」――このように形容される現代の子育て。子育て家庭が夫婦二人だけで、あるいは母親が独りだけで周りの誰からの援助も受けずに、周囲から孤立して子育てをしている。

「ワンオペ育児」――家には母親と子どもだけ。父親は毎晩仕事で帰りが遅い。育児はもちろん、その他の家事も含めて家の中のことすべてを母親が独りで切り盛りし、文字どおり孤軍奮闘して悪戦苦闘している。いつ終わるとも知れぬ戦いが、二十四時間三六五日、昼夜を問わず果てしもなく続く。

こんな子育てが、これまでの歴史の中にあっただろうか。個々にはどこかにあったとしても、社会全体として、社会の仕組みとしてこのような子育てが行われた時代などあろうはずがない。

しかし当の本人たちは、自分たちがそんな未知なる挑戦を強《し》いられているとは知る由《よし》もない。今まで誰もしたことのないことに自分が挑戦しているなどとは思ってもみない。それどころか、誰もみんなが普通にしてきたことを自分だけができないと悩んでいる。だから余計に自分を責めて、誰にも相談できずにもがき苦しんでいる。

■悪いのは核家族か

　こういう話の展開になると、昨今の子育て家庭を取り巻くあれこれの問題の原因として核家族をやり玉に挙げる人がいる。核家族化が進んだことで子育てが孤立化しやすくなり、子育てのノウハウが親から子へと伝承されなくなり、当たり前の理解や知識が途絶している。こんな状態が続けば、社会全体として家庭の子育て力がどんどん低下して大変なことになる。悪いのは核家族であり、だから昔のように三世代同居に戻すべきだと。

　国政レベルでも、三世代同居こそがあるべき理想の姿であり、これこそが子育ての諸問題を解決する切り札であるかのように主張する政治家がいる。

　そして遂には、同居型の二世帯住宅を建てると補助金がもらえるという政策が唐突に打ち出されたりする。よく言われた「スープの冷めない距離」や、屋根だけ一緒で玄関は別々の「完全分離型二世帯住宅」ではなく、完全同居型二世帯住宅が補助金の対象、つまりは三世代同居が補助金の実質的条件である。

一方で、政党のおかかえ学者のような連中が、三世代同居と合計特殊出生率に相関関係はあるのかないのかとか、三世代同居を推進すると合計特殊出生率は上がるのかどうかとか、そういう議論を真顔でしている。まるで風が吹くと桶屋が儲かるかどうかの議論のようだ。

ここまでで述べてきたとおり、子育てに関して核家族には重大な問題があると言わざるをえない。しかし同時に述べてきたように、時代とともに家族が小規模化していくのは人間の歴史の必然の流れである。社会が進歩して生産力が向上すれば家族は縮小していくのが人間の歴史の法則なのだ。歴史の流れに逆らうような政策は、仮に一時的に上手くいったとしても必ず破綻《はたん》する。

三世代同居は子育てのことだけを考えれば誠に合理的で都合が良い。だからそれが可能でそうしたい人はそうすれば良い。親にとっては子育ての負担が大きく軽減されるだけでなく、祖父母の孫育てからはいろいろ学ぶことや気付きもあるかもしれない。祖父母にとっても、自分たちの経験を活かして子どもや孫の役に立つこと、それこそ生きがいにも繋がるだろう。

しかし、そもそも三世代同居を選択するかどうかは結婚するかどうかや子どもをつくるかどうかと同じぐらい個人にとってデリケートな問題で、一言で言えば個人の自由だ。

それに、三世代同居ができる人は良いが、できない人はいったいどうするのか。仮にも政策が見事に奏功して三世代同居が流行となりブームとなったとする。その結果、狙いどおりに少子化に歯止めがかかって子どもの数が増えたとしたらどうなるか。例えば子どもが三人生まれたならば、その子たちが親になるときには三世代同居できるのは三人のうち一人だけだ。あとの二人は結婚相手の親と同居しない限りは核家族とならざるをえない。

三世代同居を理想と考えるのならば、そして自分の子どもにも三世代同居をさせたいと願うのなら、子どもは一人しかつくれないというジレンマに陥る。「三世代同居が少子化を救う！」的な主張は、最初からこんな幼稚なレベルで論理が破綻しているというか、言っていることのつじつまが合っていない。

■ 児童虐待の顕在化

人間は太古の昔から、みんなで力を合わせて集団で子どもを育ててきた。人間の子どもは親だけで育てるには大変な生き物で、だから有史以前から共同体のみんなで助け合って子育てをしてきた。この集団育児こそは、人間が進化の過程で背負った生き物としての致命的なハンディを乗り越え、自然界で力強く生き抜くために人間が編み出した知恵の結晶であり、いわば叡智であった。

時代とともに共同体は解体して家族の規模も小さくなり、遂には核家族が現れて子育ての中心的役割を親が担うようになる。それでも初めのころは隣近所や周囲の力に頼って、地域社会に支えられて子育ては成り立っていた。わが国で言えば昭和の時代に入ってさえ、子どもは地域社会の中で周りの大人たちに見守られて育った。それが遂に地域のコミュニティが消滅してしまうと、親が親だけで子育てせざるをえなくなる。

親が親だけで子育てをすると、いったいどんな問題があるのか。

もともと人間の子どもは親だけで育てるのは大変で、いくら時代が進んで世の中が便利になったからといって、やはり大変なものは大変に違いない。しかしそればかりではない。これまで長い歴史の中で社会的に行われてきた子育てが各家庭の責任に委ねられ、つまりは私的に行われるようになると、もっと別な意味での重大な問題が発生する。

まず、子どもの社会性が育ちにくくなる。

かつて子どもは地域社会の中で周りの大人たちと日常的に関わりあい、あるいは異年齢の子どもたちと入り混じって遊んだ。よその家に平気で上がり込んだり、近所の家の庭で遊んだり、近所の家では遊ぶばかりかその家の子どもと一緒にお手伝いをしたり、時には用事を言いつけられたりもした。何かやらかせば、よその人からでも当たり前に叱られた。

異年齢の子どもが一緒に遊ぶことで上級生から悪いことも教わったりしたが、一方で年齢による上下関係というものを子どもなりに学びとり、自分が上級生になったときには誰に教わるでもなく下級生の面倒を見るようになっていた。

こうした地域社会がなくなって家の中に閉じ込めるようにして子育てをしていると、どうしても子どもの社会性が育ちにくくなる。このことが、不登校やいじめ、引きこもりといった子どもを取り巻く今日的な問題の根底にある。

次に、親子の距離が近くなりすぎる。

かつては地域に子どもの居場所がいくらでもあって、学校から帰れば子どもは当たり前のように家の外へ遊びに行った。親の知らない所でいろいろなことを経験し、親が知らないうちにいろいろなことを覚え、そうやって子どもは遊びを通じて成長した。

地域のコミュニティが消滅してしまうと、地域に子どもが自由に遊べる場所はほとんどなくなる。その結果、子どもの体験不足が深刻化し、一方で家の中で親子が一緒に過ごす時間が長くなる。一緒に過ごす時間が長くなればなるほど親子の距離が近くなる。その結果、密着型の子育てはしばしば親の過干渉を生む。

本来、子どもには子どもの人格があり、自由があり、そして人権がある。子どもは決して親の所有物なんかではない。

ところが親子の距離が近くなりすぎると、親はとかく子どもの一挙手一投足が気になって仕方がない。何から何まで子どもを自分の思いどおりにしようとし、それがしつけと思い込む親が現れる。思うようにならないわが子にいちいち干渉し、あげくは激しく叱りつけ、逆に溺愛して子どもをがんじがらめに縛る親さえ現れる。

次に、子育てが周囲からの批判や評価にさらされる。

子育てが親の責任となると、子育ての責任を十分に果たさない親に対して世間はとかく厳しい目を向けるようになる。その結果、親は子どもの育ちを通じて自分自身が周りから評価されているように感じ、子育てが上手くいっていない親ほど周囲の目を気にするようになる。

何事も上手くいくこともあれば、上手くいかないこともある。まして子育ては相手のあることだ。どんなに親が愛情を注いでも、子どもは親の思うようにはならないのが常だ。

なのに子どもの成長が少し遅いだけで三歳児健診に連れて行くのが憂鬱《ゆううつ》だったり、子どものやんちゃが原因で親子の集いの場から足が遠のいたりする。

そんな親に対して周囲が心配して声をかけ、良かれと思ってアドバイスしたことが、親は自分の子育てを批判されたように感じて身を固くしたり、無意識のうちに反発したりする。親は自分の責任として一生懸命やっていることに対して周囲からとやかく言われることが、時ににどうしても受け入れられない。こうしてますます周囲からの孤立を深め、遂には支援を拒むようにさえなる。

最後に、家庭という他人の目の届かない密室空間が悲劇を生む。

ここまでで指摘してきたようないくつかの問題が重なって、親は思うようにならない子どもにイライラを募らせ、言うことを聞かないわが子につい腹を立てる。こうしてため込んだストレスが爆発しそうになるとき、家庭という密室空間で他人の目が届かないがために、越えてはならない一線を容易に越えてしまう親が現れる。

愛するはずのわが子に当たり散らし、暴言を浴びせ、そして遂には手を上げる。虐待を受けた子どもは家庭以外に逃げ込む場所がない。昔のように近所に子どもの居場所はないのだ。かくして虐待は密室の中で常態化し、誰かが気付くまで繰り返され、時に歯止めを失ってとめどなくエスカレートする。

■「子育ては親の責任」というドグマ

愛するはずのわが子を虐待する親が後を絶たないのはなぜか。

この素朴で純粋な疑問の答えを求めてはるか太古の昔までさかのぼり、人間の歴史と人間の子育ての歴史を順にひも解いてくると、行きつくところに現代の児童虐待の問題があるのは、いわば必然のように思えてくる。

少し前まで、どこの地域にも世話焼きおばさんやおじさんが必ずいた。それは、昔は世話好きの人が多かったからでは決してない。子どもは地域の宝であり、地域の子どもの面倒を見るのは地域の役割で、周囲の大人たちが自分たちの責任としてやってきたことなのだ。

地域のコミュニティが消滅し、地域社会が役割を果たせなくなってすっぽり抜け落ちてしまった現代の子育ては、事実上、親だけが子育ての責任を負わざるをえない。親だけが子育ての責任を負うのは、長い人間の歴史上これが初めてのことである。しかし、当事者である子育て中の親たちにそんな意識は微塵もない。それどころか、驚くべきことに責任を負わせている社会の側つまりは周囲の人たちも、ほとんど誰もこのことに気付いていない。

こうして今日もまた、悲しい児童虐待事件がどこかで繰り返される。報道に接した人の多くは、「なんて無責任な親なんだ！」と、怒りと悲しみに打ち震える。しかし、もしかすると無責任なのは親よりむしろ、親だけに子育ての責任を平気で押し付けている社会の側なのかもしれない。「無責任な親」と断罪するその前提に、「子育ては親の責任」という今の社会に共通の認識がある。しかし、この常識、この根拠の希薄な常識こそが、そもそもの不幸の始まりなのかもしれない。「子育ては親の責任」という言葉を振りかざして、責任を果たさない親を責めるのは簡単だ。しかし、それだけでは何の解決にもならないのも事実である。

関係者や専門家の中には、「子育ては親だけの責任ではないが、一義的には親の責任である」という言い方をする人がいる。もっともらしく聞こえるが、これまで長い間、地域社会が中心的に担ってきた責任を、これからは親の責任にしましょうと言うのなら、親が責任を果たせるように条件整備をするのが社会の側の責任というものだ。

このように述べると、すでに条件整備は十分進んでいて、実際ほとんどの親が立派に責任を果たしていると主張する人がいるだろう。一面だけとらえれば確かにそのとおり。今の世の中は昔とは比べものにならないほど子育て支援の制度が整っていて、良質な育児本もあるし、インターネット上には情報が溢れていて、パパママ教室などの子育て講座やセミナーも開催されている。保育園は親のニーズに合わせて多様な保育を提供し、地域には行政や児童委員、ＮＰＯやボランティアなどが運営する親子の遊び場や支援の場があり、相談機関、相談窓口も探せばいくらでも見つかる。ファミリー・サポート・センターなどの助け合い活動があり、お金を出せばベビーシッターも来てくれる。

しかし、これらはどれも親本人が自ら求め、自ら探して初めて情報は得られるし支援やサービスも受けられる。独りで悩んで誰にも助けを求めず、子どもと二人きり家の中に閉じこもっていたのでは宅配便のように支援が届くことは決してない。そして結局のところ、どこに相談したら良いかも分からず、どこかに相談しようと思い至ることもなく、独りで悩み苦しみ世間から置き去りにされている、そんな支援を一番必要としている人に支援は一番届かない、という悲しい現実がある。

こうして見てくると、今の子育てには競争社会の縮図がある。子育てにも親の自覚と努力と、そして能力が問われているのだ。しかし、子育てに「負け組」があって良いはずがない。

繰り返しになるが、子育ては親の責任と言うのなら、親が親としての責任を果たせるようにするのが社会の責任である。そして、誰一人として取り残さない、それこそが社会の任務であり使命というものだ。

そんな努力をしない親のために我々の血税を使うのはけしからん、と思う人がいるかもしれない。しかし、親のために税金を使うのではない。子どものために使うのだ。

■「子育ては親の責任」とは、いつ誰が決めたのか

ところで、「子育ては親の責任」とは、いったいいつ誰が決めたのか。

法律上には確かに、子育ては親に「第一義的責任」があると明記されている。そ

の意味するところは、「子育ては親だけの責任ではないが、まず第一に、一番重要なのは親の責任である」ということだ。これがまさに「子育ては親の責任」という社会通念を法的に定めたものといえる。

では、このような定めがいつからあるかといえば、何と、平成十五年に制定された少子化対策基本法と次世代育成支援対策推進法が最初だという。驚くなかれ、こんなに最近のことなのだ。つまり平成も半ばになって、国が少子化対策に本腰を入れ始めるころになって初めて「子育ては親の責任」ということを法律上に明記した。つまり、少子化対策に取り組むにあたって国が予防線を張ったのだ。

では、それ以前はどうだったかというと、戦後間もない昭和二十二年制定の旧児童福祉法が大変興味深い。

○旧児童福祉法（昭和二十二年制定）

第一条　すべて国民は、児童が心身ともに健やかに生まれ、且つ、育成されるよう努めなければならない。
2 （略）
第二条　国及び地方公共団体は、児童の保護者とともに、児童を心身ともに健やかに育成する責任を負う。

第二条で、国と自治体も、親とともに子育ての共同責任を負うことが明記されている。その前の第一条では、すべての国民に対して、児童の健全育成についての努力義務が謳《うた》われている。つまり、子育てに関して周囲の大人たちにもそれなりの責任があるということだ。

このように昭和二十二年の児童福祉法では、その第一条で真っ先に、全国民が子どもの健全育成に努めるべきことが理念として高らかに謳われていた。それが平成十五年に制定された関係の法律で、親の「第一義的責任」がことさら強調されるようになったのだ。

では、この昭和二十二年から平成十五年までの五十年余りの間にいったい何があったのか。それは、この半世紀余りの間に、子育てを取り巻く社会の環境や人々の考え方が激的に変わったということだ。つまりこの章の前半で述べたように、高度経済成長期を境に本当の意味での核家族化が進み、個人主義の考え方が広がって地域のコミュニティが消滅し、事実上、親以外に子育ての責任を負ってくれる人が地域からいなくなってしまったということだ。

■ 子育てと子どもの教育

戦後わずか五十年ほどの間に人々の子育てに関する考え方や価値観、社会の常識が激的に変わり、それまで長い間地域社会が中心的に担ってきた子育ての役割が、今では事実上親だけに負わされるようになった。つまり、「子育ては親の責任」というのは、たかだか戦後五十年の間に世の中に広まった新しいものの考え方なのだ。

そのように時代が変わったのだからそれはそれで仕方がない、と考える人もいるだろう。今さら地域のコミュニティが復活するわけはないし、仮にも復活したらかえってわずらわしい。そもそも個人主義とはそれだけ個人の権利が尊重されることであり、それは同時に個人の責任が重くなることを意味する。だから子育ての責任は今や親が背負うのは当然であり、親が背負うしかないのだと。

ではそのように考える人に対し、「子どもの教育は親の責任」ということについてはどう考えるか、と問いたい。これなら少しは違う意見があるかもしれない。

「親の責任は当然だが、教育は親だけの責任ではない」

「学校教育は学校の責任だから、つまり先生の責任」

そんな意見ぐらいはすぐに出てきそうだ。

では、「子育て」と「子どもの教育」に、どんな違いがあるのか。「子育ては親の責任」と考え、「子どもの教育は親だけの責任ではない」と考える人がいるとしたら、その違いは何か、と尋ねている。

私は、「子育て」も「子どもの教育」も責任の問題において何ら変わりはないと思っている。「教育」という言葉からは「学校」や「先生」が連想されるので学校や先生にも一定の責任があると考えつくのに対し、「子育て」という言葉からは親以外に責任を取ってくれそうな人が思い浮かばないだけだ。それは裏を返せば、子どもの教育は親以外に責任を分担してくれる人がいるのに、子育ては親だけに責任を負わせているという今の社会の現状がある。

子どもの教育は、その結果が子ども本人だけでなく親にもはね返る。お金をかけて手厚い教育を施せば、子どもの能力が開発されて将来の社会的、経済的地位が高くなることが期待される。そうなれば親としても安心だし、もしかしたら今より少しは楽な生活をさせてもらえるかもしれない。その意味では、子どもの教育は子ども本人と親個人の問題であり、個々の家庭の問題である。

にもかかわらず、義務教育と称して九年間にもわたり税金を投じて公教育を施すのはなぜか。

それは言うまでもなく、子どもの教育は個々の家庭の問題であると同時に、社会全体の問題でもあるからだ。個々の家庭の問題だからといって各家庭の努力と自由意思に任せきりにすれば、教育熱心な親と無関心な親との間で大きな差がつき、読み書き算数もろくにできない子どもが巷《ちまた》に溢れることが目に見えている。わが国も明治の初めまではそうだったわけで、それを社会の問題と捉えて、「教育は国家百年の計」として国を挙げて取り組んできたのだ。

では「教育」と同じことが、なぜ「子育て」でできないのか。子育ては親の責任であり家庭の問題であるという固定観念に縛られて、子どものしつけを親に任せっきりにした結果、就学までのたった六年で子どもの成長に大きな差がつくようになった。言葉は適切でないが、小学校に入学する時点ですでに「落ちこぼれている」子がいるのだ。それはもはや個人の問題で済まされない。なぜならその結果、教育現場が大きな困難に直面し、疲弊し、機能不全に陥ろうとしているからだ。

■学級崩壊という義務教育制度の危機

学級崩壊の問題がマスコミで取り沙汰されるようになったのは、すでに九十年代のこと。先生の話を聞いていられない子や、授業中に椅子に座っていられない子、先生に甘えて授業中に抱っこをせがむ子、果ては泣き叫んで奇声を発したり、物を投げたり噛みついたりして手に負えない子、そんな宇宙人か野獣のような子がクラスにいたら、それも一人でなく複数いたら、いったいどうなることか。

最近はこの問題でマスコミがあまり騒がなくなったので、すっかり問題が解消したのかと思いきやそうでもないらしい。入学してくる子どもの状況はむしろ深刻になっているが、学校現場が対応のノウハウを蓄積し、先生方のスキルが向上した結果、そう簡単には崩壊しなくなったというのが真相のようだ。

崩壊しそうになったクラスを崖っぷちで救った熱血先生の奮闘記や、崩壊したクラスを年度途中から引き継いで見事立ち直らせた話など、素晴らしい先生方の、涙ぐましいほどの努力が語られている。一方、それを逆手にとって、先生次第で崩壊したり立ち直ったりするのだから、学級崩壊が起きるのはやっぱり先生の力量が足りないせいだと声高に叫ぶ保護者がいたりする。

そんな中で現場の先生から、学級崩壊の原因をたどれば先生と子どもと保護者それぞれに相応の原因と責任がある、という話を聞いたことがある。しかしそれは現場の責任を負う立場からの苦しい模範答弁的発言であって、要は真面目で責任感の強い先生方が、何とか現場をまとめようと必死で自ら責任をかぶっているだけのように思えてならない。

そう、先生は全然悪くない。ましてや、もともと子どもは悪くない。ならばやっぱり保護者が悪いのかというと、それも違う。

では、いったい誰が悪いのか。――社会の仕組みが悪いのだ。

学級崩壊の問題は、乳幼児期に家庭で適切な養育を受けてこなかったために、心の成長が年令に追い付いていない子どもが大勢入学してくるようになったことが背景にあると考えられる。その結果、学校現場は混乱し、先生たちはその対応に追われて疲弊している。学校は本来勉強を教えるのと同時に集団生活のルールを身につける場なのに、それ以前のことで先生たちが振り回されているのだ。

学級崩壊がひとたび起きれば、これを立て直すことは容易ではない。そして、そのクラスは授業ができない状態が長期にわたって続くのだから、子どもたちの学力低下は避けようもない。学級崩壊の原因に直接関わっていない、いわば普通の子や普通以上の子たちは、学級崩壊という事件に巻き込まれた被害者である。そして、学級崩壊は一部の特殊な学校ではなく普通の公立の小中学校で起きている。クラスが機能していないということは、そのクラスの子どもにとっては学校が機能していないのと同じことだ。学校教育の根底を揺さぶる大問題であり、義務教育制度の危機である。

■家庭の子育て力と社会の子育て力

学級崩壊の問題を語るとき、関係者の多くは家庭の子育て力が低下したことが問題の根底にあると言う。ところが一方で、家庭の子育て力は低下しているどころかむしろ向上していると主張する関係者がいる。

曰く、今の世の中は子育てに関しても情報が溢れ、昔は訳も分からずやっていたことが今ではインターネットで簡単に情報が得られる。そのうえ最近では、児童虐待や不登校、いじめの問題など、子どものしつけや教育の問題が大きくクローズアップされるようになり、いやが応でも親の関心は高まり理解も深まっている。昔よりもはるかに知識があって意識も高い。その結果、家庭の子育て力はむしろ向上しているのだと言う。

この手の議論は人によって感じ方が違うし、日ごろ接している母集団によっても違うだろう。そもそも昔と今とを客観的に比較すること自体が難しい。

ところで、こうした問題をめぐって専門家たちが、昔と今とを比較して「家庭の子育て力」云々《うんぬん》を論じること自体に、私は違和感を覚える。なぜなら、「社会の子育て力」こそが同時に論じられるべきと思うからだ。

その昔、私が子どものころ（半世紀も昔のことで恐縮だが）には、子どもは家の外でいろんなことを覚えてきた。親の知らないところで、時に親に内緒で、良いことも悪いことも随分と覚えてきたものだった。親から教えられたことなど、むしろほんのちょっとだ。外でいろいろな体験をして、時に痛い目に遭って、いろいろな経験を重ねて、そうやって子どもは成長していった。

ある時、いたずら心から近所で悪さをして、近所のおじさんにこっぴどく叱られた。近所のおじさんは、「子どものためにならん！」と言って子どもに対しては鬼の形相《ぎょうそう》で叱りつけたが、親に対しては「子どものしたことだから」と言って笑って許してくれた。

子どもとはもともとそういうもので、大人とは本来そうあるべきもので、「社会の子育て力」とはきっとそういうことに違いない。

それが今では、例えが悪いが「子どもの声がうるさい」と言って保育園に近所から苦情が来る。待機児童の解消のために保育園を新設しようとすれば、地域住民から反対運動が巻き起こる。保育園は今や地域の迷惑施設になり下がってしまったようだ。

とある児童遊園では、危険だからという理由で町内会から「ボール遊び禁止」のおふれが出され、子どもたちの遊ぶ姿が消えて静かになった。変わって今では、お年寄りたちがゲートボールに興じている、という笑うに笑えない話がある。こうした話を聞くにつけ、もはや昔のように「子どもは地域の宝」などと誰一人思っていないかのようだ。

単に地域のコミュニティが消滅しただけでなく、社会そのものがこれほどまでに変容してしまった現在、社会の子育て力が低下していることは火を見るよりも明らかだ。だから、かつてのように地域社会の力を借りられない分だけ、各家庭が意識を高くもって頑張るしかない。その意味では、家庭の子育て力が昔より向上しているのはむしろ当然のことなのかもしれない。

家庭の子育て力が低下したとか向上したとかを議論しても何の意味もない。家庭を取り巻く社会全体の子育て力が低下している、そのことこそが問題なのだ。

■「189《いちはやく》」という監視社会

今や子育て家庭にとって、地域社会は自分たちの手助けをしたり温かく見守ってくれたりする存在どころか、むしろその逆と感ずる人が多いのかもしれない。それを助長しているのが国の施策である。

児童虐待防止法第六条によれば、「虐待を受けたと思われる子ども」を見つけた人は児童相談所等へ通告することが義務付けられている。以前は「虐待を受けた児童」を見つけたら通告しなければならなかったが、法律が改正されて「児童虐待を受けたと思われる児童」を見つけたら通告しなければならない。本当に虐待かどうかを確かめる必要はないし、結果的に間違っていても構わないという。つまり、すべての国民は、「虐待かも」と思ったその瞬間に通告義務を課せられるのだ。虐待現場を見たのに見て見ぬふりをしたら明らかな通告義務違反である。「もしかして……」と思ったが確証がないので通告するのを思いとどまったとしても、子どもの状況次第では違反になるかもしれない。

さらには通告先である児童相談所の全国共通電話番号として、短縮ダイヤル「189《いちはやく》」番が導入されている。義務という以上は電話料金を無料にするべきだろうということで、ご丁寧にも無料化まで実現させたほどの国の力の入れようである。ところで、児童相談所にはもともと「四十八時間ルール」というのがあって、虐待通告を受けたら四十八時間以内に子どもの安否確認をすることが求められている。

この結果、どういうことが起こるか。

小さな子どもを連れて親が外出した時に、些細なことで子どもがカンシャクを起こして泣き叫んだとする。こんなことは子どもの場合、日常茶飯事のはずだが、この日はたまたま親の虫の居所が悪かったのか思わずイラっとして強い調子で叱った。そこを近所の人に見られた。夕方、家に帰って夕食のしたくをしているとインタホンが鳴るので出ると、ドアの向こうに児童相談所の職員が立っていて、根ほり葉ほり事情を聞かれたうえに子どもに会わせてほしいと執拗に迫られた。

こんなことが現実問題として起こりうる。昔なら、泣き叫んでいる子どもを見かけた近所の人は親に温かく声をかけてくれたり、子どもをあやしてくれたりしただろう。それが今では、親に声をかける代わりに児童相談所に電話をかける。

「みんな無関心なように見えても、本当は心配してくれてるんだ」などと善意に解釈できる冷静な親はそう多くない。思わずイラっとするか、ドキッとするか、いずれにしてもあまり良い気持ちはしない。どこか釈然としないものがある。自分は虐待を疑われている。そう考えると周りから監視されているような気がして、子どもを連れて外出することを躊躇《ためら》うようになるかもしれない。もし、虐待について多少なりとも身に覚えがあればなおのこと、余計に身を固くするだろう。

児童相談所はもともと子育てのあらゆる悩みの相談にのってくれる専門機関、つまり子育て家庭の強い味方のはずなのに、こんなことで子育て家庭との間に溝ができてしまったとしたら……。子どもを連れて外出すること、それ自体が子どもにとっても親にとってもとても良いことなのに、こんなことで外出を躊躇《ためら》うようになったとしたら……。

何ともいたたまれない気持ちになる。悲しいほどの逆効果。きっと何かが間違っている。

いつからわが国はこんな監視社会になったのか。そうまでしなければ子どもの命を守れないのか。確かに、そうまでしてもなお児童虐待で命を落とす子どもが後を絶たないという厳しい現実がある。だからもっと対応を強化して、児童相談所に四十八時間ルールを徹底させるべきだと声高に叫ぶ専門家がいる。児童相談所と警察の連携を強化するために、虐待の恐れのある子育て家庭の必要な個人情報を児童相談所と警察がすべて共有すべきだと主張する専門家もいる。

果たして本当にそうだろうか。子どもの命を守ることを最優先すること自体に何の異論もないが、そもそも対策の柱となるべきものが間違っている。そうとしか言いようがない。

■国のミスリード

虐待の疑いのある家庭をもれなく早期に発見し、迅速かつ的確に対応して子どもへの虐待を未然に防ぐ——国が進める児童虐待防止のこのような考え方は、百歩譲って虐待の恐れのある家庭がごく一部の特殊な家庭だった時代には成り立ったかもしれない。しかし、今の時代は、突き詰めればどこの子育て家庭も大なり小なり虐待の可能性を潜在的に抱えている。そんな中でこういう国の考え方を徹底すればするほど、子育て家庭にとってますます息苦しく、住みづらく、子育てが辛いと感じる世の中になるだろう。子育て家庭と児童相談所との軋轢《あつれき》はますます強まり、溝は深まる。お互いにとって不幸なばかりだ。このような考え方は、すべての子育て家庭を虐待予備軍つまりは犯罪予備軍と捉え、子どもが虐待されていないか社会のみんなで見張りましょう、という監視社会に繋がる。

そもそものボタンのかけ違いは、「子育ては親に一義的責任がある」として、ことさら親の責任を強調するところから始まっている。親の責任を強調すればするほど、子どもに何かあればすぐに親に批判が集まる。子育てが上手くいかない親は社会から厳しい目を向けられ、感じる必要のない負い目を感じる。これでは子育てが辛いと感じるのは当然で、無意識のうちに社会から距離を置こうとして子育て家庭がますます社会から孤立する結果を招く。『孤育て』負のスパイラル」がここにある。

こうして見てくると、今の時代に子育てが辛いと感じる人がたくさんいて児童虐待が深刻化する背景には、多かれ少なかれ国のミスリードがあることは明らかだ。同じ国の施策でも、高齢者福祉と比較するとその違いが鮮明になる。国は早い段階から高齢者が将来激増することに危機感を抱き、平成十二年には介護保険制度を創設した。それまでは家族の役割だった高齢者の介護を、これからは社会的に行うこととしたのだ。今日の介護保険制度にも不十分な点はあろうが、介護保険制度を導入したことで家族の介護の負担が激的に緩和されたことは間違いない。

一方、子育てについての国の対応は、これとは真逆と言える。子育てを介護のように社会的に行うのではなく、むしろ反対に、かつては社会が担っていた子育ての役割を、これからは個々の家庭に負わせることとしたのだ。

かつて国は、将来少子化が進んで子どもの数が減ると経済の担い手が先細ることばかり心配していて、子育てや教育の問題はむしろ楽観的に捉えていた。放っておいても四十人学級が実現し、教室の隅々にまで目が届きやすくなるだろう。子どもの数が減れば全体としてクラスも減るので、その時は先生の数も減らせばいい。保育園も同じで、これからは子どもの数が減るのだから今さら新しく保育園をつくる必要なんてない。家庭の子育ても、昔のように子どもが大勢いると大変だが、経済的にも豊かになって少子化が進んで子どもが一人か二人になれば、親も十分手をかけて育てられるに違いない。

子育てに関する国や政治家の認識は、大ざっぱに言えば八〇年代から九〇年代にかけてはこんな感じだった。というか、世間の認識がこんな程度だった。

これまで述べてきたように、人間は長い歴史の中で集団で子育てをしてきた。時代が下っても、子どもはもっぱら地域社会の中で地域の大人たちに見守られて育った。そうした人間社会の子育ての歴史と成り立ちを踏まえれば、現代の子育てに何が足りていないかが自ずと見えてくる。

子どもが育つ環境としての地域社会がないに等しいのなら、それに代わるものを制度、仕組みとしてつくる必要がある。子育てに関して親の責任が重すぎるのなら、それを少しでも軽くする方法を考える必要がある。それらを既存の制度の枠組みをベースに考えるのならば、核となるべきは保育園であり、保育園が最も重要な社会資源と考えるのが自然な発想と思う。

にもかかわらず、保育園ときたら箇所数も定員も八〇年代から九〇年代はどんどん減り続け、これがようやく下げ止まってわずかに増加に転じたのは二〇〇〇年前後のことである。しかもこのころもまだ、国も自治体も「待機児童ゼロ作戦」を一方で謳いながらも、本気で保育園をつくろうとは実は思っていなかった。

二〇〇〇年ごろといえば、バブル経済はとっくに崩壊して右肩上がりの時代は終わりを告げ、行政改革の波が怒涛《どとう》のように押し寄せ、旧態依然とした行政運営に対するバッシングの嵐が猛烈に吹き荒れていたころである。バブルの遺物とも言うべき「箱物行政」に対する批判と反省が行政の内外にあり、そんな状況下で保育園の新設に行政が及び腰になるのはある意味当然だった。そもそも、子どもの数が減っているのに保育ニーズが今後とも伸びるという確証が、当時の行政内部になかったのも事実である。

一方、バブル崩壊後の厳しい財政事情の中でやっとの思いで保育園をつくっても、保育園ができると新たな保育需要が掘り起こされて思うように待機児童が減らないという現象に悩まされた。こうした現象に対して、待機児童対策と称して保育園を新設することを箱物行政批判と同じ文脈で「いたちごっこ」「税金の無駄遣い」だと批判する政治家もいた。待機児童解消のために保育園をつくることに対して、当時は慎重論を含めて賛否両論があったのだ。

国や自治体がなりふり構わず保育園の新増設に舵を切ったのは、二〇〇八年（平成二十年）のリーマンショックを機に待機児童問題が一気に深刻化して以降である。

子育て支援の核となるべき保育園の問題ひとつをとっても、国や自治体の認識がいかに遅れていたか、そして対応がいかに後手を踏んでいたかが分かる。

少し前まで、この国にとっての少子高齢化の最重要課題と言えば、天井知らずに増え続ける高齢者の医療費、それと関連して高齢者の社会的入院の解消とバーターの高齢者介護の問題、そして次に公的年金制度における負担と給付のバランスの問題だった。

すでに核家族化が本格的に進んで地域コミュニティが各地で消滅しているというのに、だからこれからの子育ては大変になるだろうとは誰も想像していなかった。そのうえ今後いっそう少子化が進み同年代の子育て家庭が周囲にいなくなったら、各子育て家庭はますます孤立するなどとは誰も思いもしなかった。まして、人間の子どもは親だけで育てるのは大変なので、このままではきっと児童虐待が深刻化する、などとは誰一人考えてもみなかった。

それぐらい私たち人間は、自分たちのことを分かっていないのだ。だが、もうそろそろ限界だろう。

■少子化に歯止めがかからないのはなぜか

この章の終わりに、本題からは少しそれるが、国がありとあらゆる対策を講じても出生率がいっこうに回復せず、少子化に歯止めがかからない原因について考えてみたい。

「一・五七ショック」

一九九〇年（平成二年）の合計特殊出生率が過去最低の一・五七を記録したときの、この言葉が象徴的に語っている。当時、国をはじめ関係者の多くは、出生率がここまで急激に下がるとは予想していなかった。信じられない思いだった。だから

「ショック」なのだ。

　これを起点に、少子化が進む原因と対策について国がようやく少しは本気で検討を始め、九四年（平成六年）「エンゼルプラン」、九九年（平成十一年）「新エンゼルプラン」、二〇〇二年（平成十四年）「少子化対策プラスワン」が矢継ぎ早に発表され、〇三年（平成十五年）には次世代育成支援対策推進法が制定された。そしてその後も今日に至るまでたくさんの審議会や検討会議、ワーキングチームなどが次々に立ち上げられ、提言や大綱、ビジョン、重点戦略、行動指針、計画やプランなどなど、その時々の有識者や専門家たちが知恵を絞って数々の方針や対策を打ち出してきた。

　にもかかわらず、いっこうに少子化に歯止めがかからないのはなぜか。

　言うまでもなく、少子化問題を抱えているのは日本だけではない。世界中のおよそ先進国と呼ばれる国は大なり小なり同じ問題を抱えている。児童虐待と同じで、世界共通の課題なのだ。「わが国の出生率低下の原因」について議論を始めるとどんどん薮に入っていくが、「世界中の先進国で同時に出生率が低下している原因」について考えれば、その答えは意外に容易に導き出すことができる。

人間は生き物である。生き物としての人間の生殖能力は、一般に十代半ばに整い、女性の場合五十歳ごろに訪れる閉経とともに終わる。人間の生殖能力は、男女差や個人差はあるが多くは二十代の若いころにピークを迎える。にもかかわらず、生殖能力がピークを越えた三十歳過ぎで結婚し、四十歳近くなってから初産《ういざん》を迎える女性もいるような現代のライフサイクルでは、少子化が進むのはむしろ当然とも言える。つまり、少子化が進む主たる原因のひとつは晩婚化にあると予想できる。

では、先進国で晩婚化が進むのはなぜか。

社会が経済的に豊かになり、社会が高度に発展すればするほど高学歴化が進む。高学歴化が進めばそれによって晩婚化がもたらされ、晩婚化が進めば少子化が進む。もちろん晩婚化だけが少子化の原因ではないが、少子化の原因の中心に晩婚化の問題がある。とりわけ男女平等の考え方が浸透して女性の社会進出と高学歴化が進めばもろに晩婚化につながり、それが少子化に直結する。わが国でも、一九八五年（昭和六十年）の男女雇用機会均等法を契機に、女性の大学進学率が急伸した九〇年前後から一気に少子化が深刻になっている。

高学歴化が進むということは、イコール一人の子どもにかかる教育費がかさむことであり、つまり子育てにたくさん金がかかるということ。このことも少子化の原因のひとつとなる。

さらには第二章で述べたように、社会が発展して生産力が向上すればするほど家族の規模は平均して小さくなり、遂には家族の解体が始まって単身世帯が出現する。その行き着くところには、生涯結婚せずに単身でいても経済的に困らない社会がある。非婚化の進行である。

このように、生産力の向上をベースとして社会が経済的に豊かになればなるほど、そこに暮らす個々人が経済的に自立して多様な生き方を選択できるようになり、結果として価値観が多様化する。そして、家庭をもって子どもを育てることだけが当たり前の生き方ではなくなるのだ。

ところで、高学歴化が晩婚化をもたらすよりももっと以前から、学校教育制度がもたらす弊害と言うべきものがあった。

その昔は、「元服《げんぷく》」と言って十代半ばには成人を迎えた。それは現代の成人式のような、単なる通過儀礼的なものでは決してない。身体が大人になるこの時期に、元服をけじめとして名実ともに大人として扱ったのだ。だからこれをひとつの区切りとして、いやおうなく大人としての自覚が生まれた。つまり、身体の成長と心の成長に、昔は今ほど大きな乖離がなかったということだ。

その昔は人口の大部分は農民で、農民の子どもは貴重な労働力として野良仕事に駆り出された。子どもといえども小さいころから大人と一緒に、村落共同体という地域社会の中で働きながら育てられた。武士の家ならなおいっそう、幼少期から厳しくしつけられたと想像できる。

時代が下って昭和に入ってさえ、戦前から戦中までは農家の子どもの多くは学校から帰ると毎日、野良仕事や子守りなどの家の仕事を当然のこととして手伝わされた。だから子どもの精神的成長は今よりもずっと早く、十代半ばにして自立して家を出ていくケースも珍しくなかった。

それが今では、学校教育制度の中で子ども社会が大人社会と切り離され、子どもは大人社会の何たるかを知らないまま育つ。高校進学率が九割を優に超えるようになり、十八歳になるまで学校という隔離された社会の中で育てられる。十代半ばともなれば肉体的には大人になっているのに精神的には未熟なままで、そのギャップに当の本人たちが悩み苦しむ。それを「青春」とか「思春期」とか呼んで美化しているが、その正体こそは、学校教育という社会制度の中でつくり出された心と身体の成長のアンバランスである。こう言ってしまっては身も蓋《ふた》もないかもしれないが、青春時代の甘酸っぱくもほろ苦い想い出の根源をたどれば、それは人間の成長の本来の過程というよりも、学校教育制度の産物、いわば弊害なのだ。それが証拠に、「青春」が文学の主要なテーマとなるのは学校教育制度が始まった近代以降、わが国で言えば明治以降のことである。

話がそれたが、高学歴化が進むことは社会の進歩と表裏一体なのでこれを否定するつもりは毛頭ないし、学校教育を否定するつもりももちろんない。まして昔のような児童労働を是認するものでもない。しかし、学校教育を巡り私がここで指摘したような問題意識が、世間にあらかた欠けていることは大いに問題と思う。

話を戻して、今後もし国が本気で少子化問題を解決しようとするのなら、最大の課題は晩婚化の克服だろう。つまり、晩婚化を引き起こさないような高等教育のシステムを本気で創り出す必要がある。

それはきっと「働き方改革」とか「学び方改革」とかいう生半可なものではない。正に「生き方改革」とも言うべきものになるだろう。現行の六・三・三・四制にしがみついたまま、高等教育の充実と晩婚化の解消という二律背反した命題を両立させることはきっと困難だ。ならば発想を転換して十代で社会に出て働き、二十代半ばまでには結婚して子育てを始める。その後はキャリアを重ねながら、それに合わせて一生かけて学ぶ。もともと学びは一生ものなのだから、そんなライフプランも素敵だと思うし、ある意味そのほうが人の成長にとって自然だと思う。

働きながら学ぶこと、あるいはキャリアを一時中断して学ぶことを企業は人材育成の観点から支援し、そんな企業に対して国が優遇措置を設けて支援する。十代のうちから少しでも早く社会に出て働いたほうがキャリア形成の上でも人格形成の上でも意義があり、働きながら高等教育を受ける機会がいくらでも保証され、さらには生涯賃金や学費の点でも有利になる。そんな社会の仕組みを構築することが求められる。

こうして考えると、「少子化対策」などと軽々しく口にはするが、実際に少子化に歯止めをかけて出生率を根本的に回復させることが容易でないことが想像できる。それと比べれば児童虐待の根絶のほうが、ずっと現実的で目の前の目標のように思えるのは私だけだろうか。

第四章

現代子育て事情
～その問題点を探る～

■「しつけ」とは何か

ここまでのところでは、児童虐待はなぜ繰り返されるのかという問題について、人間社会の進歩と発展の歴史の中で人間の子育てについて考えてきた。ここからは、各家庭、個々の親の視点に立って、現代の子育ての問題点を考えてみたい。

ただし、児童虐待は今や一部の特殊な家庭の問題ではないので、どこの家庭でも起こりうる問題、あるいは多くの家庭がすでに陥っている問題という視点で考えてみることにする。

まず初めに、そもそも「しつけ」とはいったい何か。

虐待をした親の多くは決まってこう言う。

「しつけのつもりだった」

中には少しだけ反省して、こう言う者もいる。

「しつけのつもりだったが、少しやりすぎた」

最初はしつけのつもりだったが、子どもが言うことを聞かないのでだんだんエスカレートして虐待になったと言うのだ。あるいは子どもに期待するあまり、親の要求水準がだんだん高くなって虐待に発展した、ということを口にする。

では、どこまでがしつけで、どこからが虐待なのか。しつけと虐待の境はいったいどこにあるのか。

答えから先に言うと、境などどこにもない。しつけの延長線上に虐待があるという考え方それ自体がそもそも誤りである。しつけと虐待は真逆のものだ。

しつけとは、端的に言い表せば次のようなことだ。

「しつけとは、子どもの社会性を育むための大人の行為である」

平たく言えば、子どもが成長して社会に出るときに困らないようにすること、それがしつけだ。それをわざわざ難しい言い回しにしているのには理由《わけ》がある。短い言葉の中に重要なエッセンスが凝縮されているのだ。

ひとつは、「社会性を育む」のがしつけの目的であること。つまり、成績優秀になることやスポーツが上手くなること、まして親の言うことをよく聞く従順な「いい子」にすることがしつけの目的ではないこと。

二つは、「子どもの社会性を育むための大人の行為」であって「わが子の社会性を育むための親の行為」ではないこと。つまり、しつけは親だけでなく、親を含む周りの大人みんなの役目であること。

三つは、「大人の行為」であって「大人による教育」でもなければ「指導」でもなく、「訓練」でもないこと。

以上のことを踏まえてあえて言い直すと、

「しつけとは、子どもが社会性を身につけられるように周囲の大人たちが仕向けることであり、導くことであり、手本を示すこと」である。

このようにしつけを理解すれば、冒頭の「しつけのつもりだったが、やりすぎた」という虐待親の言い分が、まるで的外れで言い訳にもなっていないことが分かる。

■「社会性を身につける」とは

では、「社会性を身につける」とはどういうことか。

「社会のルールや仕組みを知り、自分が社会の一員であることを自覚して行動できること」

言葉で表現すればこれだけのことだが、それは机に向かって学べるものではなく、誰かに教わってすぐ身につくものでもない。

ところで、人間はもともと「高度に社会的な動物」として進化してきたはずなのに、どうして今さら社会性を身につけることが問題になるのか。もっと言えば、どうして大人になっても社会に順応できなかったり、あるいはニートや引きこもりになったりする人が増えたのか。

大昔はオギャーと生まれたその瞬間から誰もが社会の一員だった。共同体という社会に生まれ、その中で育った。物心ついたときにはすでに共同体の一員、すなわち社会の一員だったのだ。

　時代が下って昭和の時代に入っても、子どもは大なり小なり地域社会の中で育てられたので、親以外の大勢の大人や異年齢の子どもたちと日常的に関わって成長した。世間には優しいおじさんもいれば怖いおじさんもいることを、当たり前のこととして経験の中から学んで知っていた。そして、そんな怖いおじさんも子どもの前では厳しくしているだけで、本当は優しいことも経験値として知っていた。

　それが今では、子どもが育つ環境としての地域社会はすでにないに等しく、子どもは家庭の中にいわば閉じ込められるようにして育てられる。

　その一方で社会は高度に複雑化、重層化して、そこに生きる人々の価値観も圧倒的に多様化している。さらに今日的な問題として、過度の競争原理によって社会そのものが寛容性をなくして先鋭化している。ストレス社会と言われるように、みんながイライラして怒りっぽくなっているのだ。

　つまり、子どもが生まれ育つ環境と大人になって出ていく先である社会とが分離して、そのギャップがとめどもなく広がっている。核家族で家庭に閉じ込めて大切に育てようとすればするほど、社会性を身につけることが難しくなる。親の価値観だけで、他の価値観をシャットアウトしていわば純粋培養的に育てられた子どもが、大人になって多様な価値観やものの考え方がせめぎ合う世間の荒波の中に急に漕《こ》ぎ出そうとしても尻込みするのはむしろ当然だろう。仮にも敷かれたレールに乗って真っすぐに進み、上司に叱責されたり、同僚からないがしろにされたりしたことをきっかけに、再び家へ逃げ込んで引きこもりになる。今や東大を卒業したエリートが引きこもりになる時代である。

では、どうしたら社会性は身につくのか——そのカギを握るのが「好奇心」である。

動物の子どもは、もともと好奇心旺盛にできている。中でも人間の赤ん坊は知能が高い分だけ好奇心の塊《かたまり》のような存在だ。少しでも不思議に思うと何でもかんでも手に取って、すぐに口に入れたがる。手に取った物は試しに投げてみないと気が済まない。これだから人間の親は大変なわけだ。

「ばっちいからヤメて！」

「それだいじ、だいじ。投げちゃイヤ！」

「やめてって、言ってるでしょ！」

「そこは危ないからダメってば！」

「お前は死にたいのか！」

だんだんキレそうになる。この子は本当に私の子か？　本当に地球上の生き物か？「なんとか星」からやって来た宇宙人じゃないの？

そんなふうに思えるほど、人間の赤ん坊の行動は時として大人の理解を越えるものがある。

そんな子どもの好奇心とはいったい何なのか――それは、動物の子どもが生きるための術《すべ》を自ら学ぶための原動力であり、ＤＮＡに組み込まれた仕組み、学習機能である。周りの大人たちのすることをつぶらな瞳でじっと見つめ、自分もまねしてやってみようとする。大人のすることを見よう見まねでするうちに、何度も失敗を重ねていつしかできるようになる。単にできるようになるだけでなく、試行錯誤を繰り返すことで、どうすると失敗し、どうしたら上手くできるのか、上手くできるとどんな効果があって、失敗するとどんな仕打ちが待っているのか、つまり大人のすることの意味を知る。

人間の子どもは本来、大勢の大人や異年齢の子どもに囲まれて育てられてきた。それが今日のように親と子だけで家の中に閉じこもり、周りにかまってくれる人がいないと自ら学ぶことができない。子どもの好奇心は空回りし、時に独り歩きして親を慌てさせるのだ。

■親の価値観の押し付け

子どもは大勢の人の愛情に囲まれて、周りにお手本となる人がたくさんいて、かまってもらいながら多くの体験を通じて自ら学べる環境が必要である。そうした環境さえあれば、親が手取り足取り教えなくても、自分で学んで自然に社会性を身につけられる。もともとそのようにできているのだ。

ところが今の子育てはそのような環境にあることは稀で、多くの親は、わが子に対して一から十まで自分で教えようとする。あるいは自分の責任で何から何まで教え込もうと躍起になる。一方の子どもは、好奇心の赴《おもむ》くままに親の期待とは違う行動をとる。思いどおりにならないわが子に親は焦り、いら立ち、時に声を荒げて叱る。

「あれはダメ」「これはダメ」と言われ続けると、次第に子どもの好奇心の芽は摘まれていく。

「ああしなさい」「こうしなさい」とやかましく言われ続けると、次第に子どもは意欲をなくし、自ら学ぶ自主性を失っていく。

親は良かれと思ってやっているに違いない。それが子どものためだと思い、それがしつけと信じてやっていることが、実は子どもの好奇心を奪い、子どもが自ら学ぼうとする意欲を奪っている。そしてその結果として子どもの成長を阻害している。まさにそのような「しつけ」の延長線上に虐待があるのだ。

こういう子どもであってほしい。こういう大人になってほしい。親は勝手に期待し、理想像を描き、その理想に少しでも近づけるのがしつけだと思い込んでいる。しかしそれはしつけでも何でもない。それはただのおしつけ、つまり親の価値観の押し付けである。

■箱入り娘・箱入り息子

かつて、「箱入り娘」「箱入り息子」という言葉をよく耳にした。「箱入り〜」とは、大事に箱に入れてしまっておくがごとくに育てられた子のことで、裕福な家庭のお坊っちゃま、お嬢さまの代名詞のように使われた。

「箱入り〜」の一般的な傾向として、高等教育を受けて物腰や言葉遣い、態度、礼儀作法などはしっかりしているし、性格も穏やかでいわゆる品行方正ではあるけれど、一方どこか世間知らずで感覚がズレていたりする。苦労知らずで性格がおっとりしているだけでなく、大事なことを自分で決められない。大人になって社会人になっても、いつまで経っても本当の意味で親から自立することができなかったりする。

どうしてそうなるのか。

外で悪いことを覚えてこないようにと、家庭に閉じ込めて親の目の届くところで子どもを管理する。お稽古事や習い事、家庭教師を付けるなどして英才教育を施す。表向きは親の期待を一身に背負って子どもはすくすくと育っているように見える。けれどその裏で、本当の意味での子どもの好奇心の芽は摘まれ、自らの疑問には蓋《ふた》をして、教えられたことだけを学んで育つ。教養はうわべだけで根っこの部分は穴だらけのスカスカ。一番大事な基礎の部分を自分の力で固める作業をしていないので、大人になって社会に出ても、なかなか伸びないし、自立できない。

最近、「箱入り〜」という言葉をあまり聞かなくなった気がする。もはや死語になりかけているかもしれない。それは、「箱入り娘」や「箱入り息子」がいなくなったからではない。逆にみんなが「箱入り」になってしまったからなのだ。

■ある日の若い母親の会話から

ある日、とある飲食店で隣のテーブルに座る若い母親二人の会話を聞くともなく聞いてしまった。

母親A「アゲハチョウは大っきいし、しましまの模様が気持ち悪いけど、モンシロチョウなら平っ気よ。でもあれって、羽に粉がいっぱい付いてるから、触ると指先が粉だらけになるのよね」

母親B「へえー」

母親A「あれっ、知らないの？　粉だらけよ。それでね、うちの息子が採ってきて虫かごに入れとくんだけど、すぐに死んじゃうのよね」

母親B「えー、なんで？」

母親A「なんでって、そんなの死ぬに決まっててんじゃん。それから（息子は）セミも好きだからよく採ってくるけど、ミンミンゼミは羽が透明だから、お腹のとこが気持ち悪いのよ。アブラゼミは羽が茶色でお腹が見えないから大丈夫！」
母親Ｂ「なんでそんなに知ってんの？」
母親Ａ「なんでって、子どものころ虫採りとかしなかった？」
母親Ｂ「えー、しない、そんなの」
母親Ａ「えー、私、よくしたよ。自分で言うのもなんだけど、子どもってすごい残酷だから、セミの羽むしったりとか、平気でやった」
母親Ｂ「ヤダー、気持ち悪いー！」
母親Ａ「子どものころは平気よ。いまはダメ。それから、アリの巣に水入れたりとか。『洪水だー』ってね」
母親Ｂ「あっ、それは私もやった。コーラ入れた」
母親Ａ「ひどいー、残酷！」
母親Ｂ「水もコーラも、いっしょじゃん」
母親Ａ「えー、いっしょかあ？　いっしょだね。ホント、子どもって残酷だよね。だから自分の子どもには、そういうの絶対やらせない」

おいおい、散々盛り上がっておいて、まさかそういうオチとは驚いた。自分だって子どものころ好奇心から虫にいろいろ悪さして遊んだというのに……。でもきっと彼女は彼女なりに真面目に考えて、自分は悪いことをしたけれど反省して、だから自分の子どもにはしっかりしつけをする、そういうつもりなのだろう。

しかし、彼女が良かれと思って子どもに対してやっていることは、まさしく親の価値観の押し付けであり、厳しい言い方をすれば親の自己満足の典型ということになる。

セミの羽をむしったり、アリの巣に水を入れたりすることが残酷ということに、彼女自身は子どものころの自身の体験を通じていつかどこかで気付いたはずだ。子どもは時に残酷なことを平気でするということも、まさしく自身の体験から身をもって知ったに違いない。

なのに自分の子どもから同じ体験を奪ってしまったら、子どもは彼女と同じ気付きを共有できないのではないか。これでは、残酷な行為に対する健全な感受性が十分育たないのではないか。そんな心配をこの親はしないのだろうか。

それでも、母親Aの場合はまだましなのかもしれない。なぜなら彼女自身は体験を重ねて育ってきたようだから、これから親として成長していく中で、体験することの重要性に気付く余地がある。

一方、母親Bのように自分自身が体験不足のまま大人になってしまうと、今になって体験の重要性とか体験学習とか言われても、その意味するところを理解できないだろう。こうして、親から子へと体験不足が連鎖する。

■親から子へ、体験不足の連鎖

虫をいじめるのが何の体験かと反発する向きもあろう。しかしチョウは虫かごに入れておくとすぐに死んでしまうこと、セミは羽をむしると飛べなくなって暴れて死んでしまうことを、子どもは身をもって体験し、学習する。腹をヒクヒクさせながら「ギギギギッ…ギッ…ギギッ……ギ…」と苦しみもがいて死んでいくセミを見て、どこか後ろめたい気持ちが芽生える。その時になってやっと、可愛そうなことをしたかもしれないと気付く。もちろんそんな教科書どおりにいかないことも多いが、体験が気付きを生み、体験を重ねることで少しずつ子どもは成長していくのだ。

別になにも虫をいじめなくても、生き物に対する愛情を育んだり、命の大切さを学んだりする機会はほかにもあるかもしれない。しかし、今の子どもたちは、ただでさえ地域社会という日常的体験学習の場を奪われてしまっている。そのうえさらに、衛生思想で過敏になった若い親たちが「汚いからダメ」「触っちゃダメ」と、身の回りにわずかしか残っていない自然や生き物からさらに子どもを遠ざけ、体験の機会を徹底的に奪っている。

そうしておいて、取って付けたかのように夏休みの自然体験学習会に親子で参加する。尻込みする親を尻目に、子どもは目を輝かせて草むらに入って、夢中で虫を追いかける。

しかし、そうでない子どももいる。子どもは見知らないものに対して興味を示さないことがある。周りにつられて草むらに入って「いい子」を演じているだけで、本当は楽しくなくて夢中になれない子がいるのだ。

そもそも体験学習とは日常と結びついて初めて学習であって、日常と完全に切り離された自然体験学習なんて、それこそ親の自己満足かアリバイづくりに過ぎない。自然体験学習から帰った子どもは、何事もなかったかのように再び部屋に閉じこもってテレビゲームに夢中になる。それを見て、自分自身も体験不足世代の親は、「うちの子には適性がない」あるいは「うちの子にはアウトドアは向いていない」と考える。しかし本当はそうではない。本来その年代なら当然あるはずの下地が全くできていなかったために、学習効果が上がらなかっただけだ。小学生に大学の市民公開講座に参加させたが何も得られませんでした、というのと同じである。

こういう時代で、こういう子育てがさらに進むと、そのうちマンションの上層階に住む子どもの中には、

「アリなんて見たことないから知らない」

「石ころなんか拾ったことないから、どんな重さか分からない」

という宇宙人のような子どもが出現しかねない。というか、私が知らないだけで、

もうすでに日本じゅうにそういう子どもがいっぱいいるのかもしれない。

■過干渉の親、子離れできない親

親はどうしても自分が苦労してたどり着いた答えを自分の子どもに教えたくなるし、自分は失敗して挫折を味わったけれど、自分の子どもには同じ辛い思いをさせたくない。自分は回り道をしたけれど、子どもには真っ直ぐ平坦な道を進んで欲しいと願い子どもの手を引きたくなる。

すべては親心なので仕方ないかもしれない。でも自分が苦労したことも、挫折を味わったことも、失敗して回り道をしたことも、思えばすべて今の自分にとって生きていく上でのかけがえのない経験であり財産のはずだ。今の自分があるのも数々の失敗や経験から学んで、それを糧《かて》として成長してきたから。みんなそうやって人は大人になるのだ。

だから親の過干渉は、子どもの体験の機会を奪い成長を妨げる。反抗期に入った子どもに対して親としてできることは、「自分が正しいと思う道を進みなさい」とだけアドバイスして、あとは見守ることだ。ところが、それが分かっていても、あるいは本当に分かっていなくて、いつまで経っても子離れできない親がいる。

行政の設置する子育て相談の電話に、また常連の母親から電話がかかってきた。相談の趣旨は、「中学生の男の子が反抗的で私の言うことを聞いてくれない」というもの。反抗期だから当たり前だと思う人がいるかもしれないが、かけてくるほうは真剣そのものである。

この前はあんなことがあった、こんなこともあったと、時に涙ぐみながら切々と訴える。これまで自分がどんなに愛情を注いで育ててきたか、今、自分がどんなに子どものことを案じているか、なのに子どもは少しも親の気持ちを分かってくれない。あんなに素直で親思いのいい子だったのに、人が変わってしまったようで、私辛いんです。もうボロボロです、と。

いつもそういう話であり、明らかに親の心配のしすぎ、過干渉なのだ。多分、子どもに問題はない。親側に問題がある。

しかし、相談員の仕事はまずは聞くことなので、相手の気持ちに寄り添って辛抱強く耳を傾ける。時に話は一時間にも及ぶ。そして徐々に、少しずつ、タイミングを見計らって攻守ところを入れ替える。的確なアドバイスをしてあげたいのだ。それも相手の心に届く言葉でないと意味がない。これまでに何度も電話を受けていて、反抗期とはどういうもので、どう接するべきか、そんな話はとうに繰り返し話している。相手も理屈の上では分かっているはずなのだ。

「お母さん、いいですか。最後はあなたが変らないと、子どもさんは変わりませんよ。勇気をもって、あなたが変わってください。私、応援していますから。また困ったことがあったら、いつでも電話してきてください」

相手のお母さんも、「分かりました。ありがとうございます」と言って、いつも最後は泣いている。それなのに、一週間か二週間もするとまた同じ電話がかかってくる……。どうしても子離れできない親というのはそういうものらしい。このお母さんの場合は子どもさんがまだ中学生だし、悩んで電話をかけてくるだけマシなほうで、実際、今の世の中には、三十歳を過ぎた息子を溺愛して離そうとしない母親というのも珍しくないらしい。

■反抗期、その正体

ところで、それほどまでに親を苦しめる反抗期とは一体何なのか。

多くは子どもの精神面、心理面から説明がされている――急激に成長する身体に心の成長が追いつかずに情緒が不安定になり、やり場のない不安やストレスを周囲や社会、特に年長者にぶつけているとか、思春期になって自我が芽生えて自立しようと心が揺れ動く中で、自分を縛り、自立を妨げるように感じられる親や先生に対してむやみに反発したりすることなど。

しかし、これらの説明にどうもしっくりこないのは私だけだろうか。どこか違和感を覚える。本当は良く分かっていないのに、無理やり理屈をこじつけて説明しているだけのように思えてならない。

私自身の反抗期のころの記憶をたどると、当時の親に対する反発は理由も理屈も何もなくて、とにかく無性に腹が立って知らず知らずのうちに親に食ってかかっていたように思う。それが中学三年のころだっただろうか、母親にポンポンと当たり散らしながら、どうして自分は理由《わけ》もなくいちいち母親に突っかかっているんだろうと、ふと我に返って気まずく思った瞬間があったのを今でも覚えている。反抗期からの出口である。

こうして考えると、反抗期とは、「人間の成長過程における自我の確立と自立へ向けた精神の葛藤《かっとう》」とかなんとかいう得体《えたい》の知れない哲学的なものではなくて、人間の動物としてのDNAに組み込まれた、親元から巣立っていくための「自動自立装置」であると考えたほうが素直で分かりやすい。哺乳類は成長して大人になると、何らかの形で親から離れて自立していく。これは、子どもが成長して大人になるまで子育てする哺乳類が、近親交配を避けるために獲得した一般的な仕組みと考えられる。だから、人間も哺乳類である以上例外ではないはずで、その仕組みこそが反抗期、それに違いない。

実際、反抗期は二次性徴とともにやって来ることからも矛盾なく説明できる。成長して生殖能力を獲得すると同時に、近親交配を避けるために一刻も早く親元を離れて群れから出ていくか、あるいは距離を取る必要がある。そこにはホルモンの働きが介在していると予想され、動物生理学的に解明できるのではないかと期待している。

それにしても、この反抗期という仕組みは、人間が人間として進化した今となっては実に厄介な仕組みだ。それまで親に依存し親に甘えていた子どもが、突然親に食ってかかったり当たり散らしたりするようになる。目に入れても痛くないと思っていた可愛いわが子が、突然豹変《ひょうへん》したように親に向かって暴言を吐いたり、逆に部屋に引きこもって親を避けたりするようになると、それと分かっていても親としては心中穏やかでない。大人気《おとなげ》もなく親のほうがイラッとして、ついストレスを溜めたりする。そして、それが虐待の引き金になる場合もある。

しかし、そんなとき、反抗期は単に動物時代の名残《なごり》の生理現象であると理解すれば、少しは腹も立たない。子どもが順調に成長した証しであって、動物ならば巣立ちが近いということ。むしろ、夫婦でこっそりお祝いをしたらいい。そして嵐が過ぎ去るのを待てばよい。単に時間が解決してくれる。


ただ、このように反抗期が現代の親を悩ませる背景には、昔と比べて今の親子関係は圧倒的に親子の距離が近すぎるという問題がある。核家族化が進んで家庭内が親と子だけになり、地域に子どもの居場所がなくなって子どもが家の中にいる時間が長くなる。さらには子どもの数が減って親が一人の子どもにかかりきりになる。そして親子が世間から孤立して家の中に閉じこもれば閉じこもるほど、親子の関係は濃密にならざるをえない。

そうした中で、子離れできない親が出てくる。子離れできない親の問題の本質は、ある意味で児童虐待と同じである。親の過干渉は、精一杯愛情を注いでいるつもりでも、結果として子どもの成長を阻害し自立を妨げることになる。そして、遂に自立できなかったとしたら、それはとりもなおさず子どもに対する人権侵害そのものと言うべきだろう。

■「親はなくても子は育つ」と思えない親たち

「親はなくても子は育つ」という諺《ことわざ》がある。仮に親がいなくても周りのみんなが世話を焼いてくれるし、そもそも子どもは親が案ずるよりも本当はずっとたくましいので心配いらないという意味だ。しかしこれは現代の親の感覚とマッチしない。親の責任で孤軍奮闘して子育てし、親の愛情こそが、子どもが立派に成長するための唯一無二のものと信じて疑わない。そんな今どきの若い親は、この諺を「時代遅れ」あるいは「意味不明」と感じるかもしれない。

しかし、諺である以上、もともとは人々の共通の価値観として認識されていた。

その諺が、なぜ現代人の感覚とマッチしなくなったのか。

それは、子育てのあり方や考え方が昔と今とで劇的に変わってしまったからにほかならない。それも百年も二百年も昔と違うのではない。戦後たった五十年の間に劇的に変わったのだ。

昔は隣近所や周りのみんなが子どもの世話を焼いてくれて、そして親の側もそれに甘え、それを当たり前のこととして受け入れていた。それが今では、仮にもよその誰かが子どもに「いらぬ世話」を焼こうものなら、いきなりブチ切れそうな親さえいる。

今の若い親の多くは、「子育ては親の責任」が強調されるあまり、子育ての責任を自分だけ、自分たち夫婦だけで背負い込み、他人が手出し口出しすることを受け入れられなくなっている。あるいは子育てまでもが競争原理で語られるようなご時世で、他人に口出しされることで、自分の子育てが批判されているように感じてしまうのかもしれない。

しかし、どんなに時代が流れて社会が変わり、親の考え方が変わったとしても、生まれてくる子どもは変わらない。昔も今も子どもは子ども。生き物としての人間の子どもの本質は変わりようがない。

だから親が子どもを囲うようにして、あるいは縛るようにして、周囲から遠ざけるように子育てすることは、きっと子どもの成長にとってためにならない。親は一生懸命に愛情を注いでいるつもりでも、親の価値観だけでしゃかりきに育てようとすることは、きっと子どもにとっては不幸に違いない。そのことを、冒頭の諺はいみじくも語っている。あたかも現代の子育てを予見し、そして戒めるかのように……。

「親はなくても子は育つ」——子育てが思うようにいかないと悩んだり、子どもが自分の言うことを聞いてくれないと悩んだりする親がいたならば、この諺の意味をかみしめてほしい。「子育ては親の責任」という負の呪縛《じゅばく》から、一刻も早く自分の心と、そして子どもを解放してあげてほしい。

最後に

■子育てシェアハウスのこと

私がこの本を書こうと思い立った、直接のきっかけとなった出来事がある。その出来事、子育てシェアハウスのことについて最後に紹介してみたい。

それは私が実際に見聞きした話ではなく、ウェブで報じられたニュースを読んだときの話だ。単にニュースを読んだだけのことだが、子育てや児童虐待の問題で、これほどまでに危機感を募らせたことは他になかったかもしれない。

「児童虐待がなくならない原因が分かった気がした」

私にとって、そんな瞬間だった。

とあるシェアハウスで暮らしていた若い女性が、結婚しても夫婦でシェアハウスに住み続け、妊娠したのを機にこのままシェアハウスに住んで、子どもが生まれたら仲間と「育児のシェア」をしようと計画した。シェアハウスの住人はこの夫婦を含めて誰も子育て経験はないが、みんなこの計画に賛同してくれた。

この取り組みをある新聞記者がウェブで紹介したところ*百件を超えるコメントが寄せられたが、その大半が取り組みに対して批判的な内容だった。つまり、「炎上寸前」だった。

「事故があった時の責任は？」
「自分たちだけで育児ができないなら子どもをつくるなと思う」
「子育ては夫婦がつくるその家庭の価値観の中で行うべきでは？」

＊withnews「出産してもシェアハウス、夫婦で社会実験中　ぶっちゃけ大丈夫？」（二〇一七年五月十五日）
https://withnews.jp/article/f0170515000qq000000000000000W01l10101qq000015196A#commentArea

「大人都合の『実験』に巻き込まれる子どもがかわいそう」
「仕事をしている独身男女が赤の他人の乳幼児の泣き声に耐え続けられるとは思えない」
「みんな育児未経験だったら無理だと思う」
「他人を安易に頼りにする危機感のなさと図々しさに心底呆れる」
「親の代わりに同居人をタダ働きさせようという考えではないか」

withnews「子育てシェアハウス」に思わぬ反論、これが日本の「しんどさ」か…（二〇一七年七月二十六日）https://withnews.jp/article/f0170726005qq00000000000000W01110101qq000015605A より、一部抜粋して引用。

このような激しい言葉がずらりと並んだことは記者もかなり意外で困惑したようだが、私はと言えば、読んでいるうちに胃がムカムカするような気分を覚えた。それが怒りなのか、焦りなのか、それとも悲しみなのか……。

そして気付けば、そのひとつひとつに対して、心の中で反論している自分がいた。

「事故があった時の責任は？」
↓そんなの誰の責任でもないから、いちいち心配しなくていいんだ。

「自分たちだけで育児ができないなら子どもをつくるなと思う」
↓そんなこと言ってたら、誰も子どもをつくれないよ。

「子育ては夫婦がつくるその家庭の価値観の中で行うべきでは？」
↓世の中にはいろいろな価値観の人がいるんだから、子どもが育つ過程で大勢の人と関わることが大切なんだ。そういう「純粋培養」的な考え方だと、子どもが大きくなって社会に出た時に子ども自身が一番苦しむよ。そもそも子どもは親の所有物じゃないしね。

「大人都合の『実験』に巻き込まれる子どもがかわいそう」

→今の子どもはみんな大人の都合に振り回されてかわいそうかもね。でも、シェアハウスで大勢の大人に囲まれて育つことは、子どもにとってはとてもいいことだと思う。きっと人見知りしなくなるよ。

「仕事をしている独身男女が赤の他人の乳幼児の泣き声に耐え続けられるとは思えない」

→確かに難しいかもね。でも、シェアハウスのほかの仲間にとっても得難い経験だと思うね。

「みんな育児未経験だったら無理だと思う」

→心配する気持ちは分かるけど、そんなこと言ったら、育児未経験の両親だけではもっと無理だよ。

「他人を安易に頼りにする危機感のなさと図々しさに心底呆れる」

→この親は「他人を頼りにするしかない」ってことに出産前に気付いたんだから、その意味ではとっても危機感がある。若いのにエラいと思うね。

「親の代わりに同居人をタダ働きさせようという考えではないか」

→シェアハウスの仲間がみんなそれでいいって言ってくれてるんだから、それでいいじゃないか。みんないつかは自分も助けてもらう立場だからね。お互い様だよ、世の中は。

子育てシェアハウスがその後上手くいっているかどうかは分からないが、方向性は間違っていないと思う。間違っていないどころか、大いに正しい、画期的な試みだと思う。確かに全員が子育て未経験で大丈夫かと心配する気持ちは分かるが、批判する理由はどこにも見当たらない。

ここで私が何よりショックだったのは、一つひとつのコメントをよく読むと、批判している人たちの多くが自分自身も子育て中か、子育てで苦労した経験のある人だということだ。

「私はこんなに大変な思いをして独りで子育てを頑張っているというのに、この若い夫婦ときたら、まだ何も自分たちでしていないうちから他人に頼ろうだなんて、何て安易で無責任なんだ。許せない！」

というのが真相のようだ。

つまり、子育ては自分たち夫婦「だけ」でやらなければいけないと、かたくなに信じて凝り固まっている。それが親として責任を果たすことだと思い込んでいるのだ。ある意味、みんな真面目なのだ。だけど、これだから児童虐待はなくならないわけだとつい思ってしまう。

「もっと肩の力を抜いて、他人に甘えればいいんだよ。」

そう声をかけてあげたい。しかし、そう言ったところで、甘えられる他人が周りにいないというのもまた事実だろう。現実問題として、自分たちだけで子育てせざるをえない人が多いのが今の社会だ。まさしくそこに今日の子育ての問題があり、児童虐待がなくならない原因がある。

だから社会の仕組みを変えなくてはいけない。心の底からそう思うが、社会の仕組みはそうすぐには変わらない。ならばまずは自分たちが変わるしかない。自分たちの意識を変えればいいのだ。

子育てに苦しむ親が、一刻も早く自らの呪縛《じゅばく》を解き放ち、無用な肩の荷を下ろすことを願わずにいられない。そして子育てというかけがえのない人生の経験を通じて、わが子とともに成長していくことを。

とりもなおさず、それが児童虐待の根絶への初めの一歩だと信じて。

参考文献

・杉山春「児童虐待から考える　社会は家族に何を強いてきたか」(朝日新聞出版)

・鈴木隆雄「日本人のからだ　健康・身体データ集」(朝倉書店)

・八木透「出産をめぐる習俗とジェンダー　―産屋・助産者・出産環境―」佛教大学総合研究所紀要 第15号 2008年（佛教大学総合研究所)

・小山茂「『タビ（他火）小屋』のタブー」島しょ医療研究会誌 第12巻 2020年（島しょ医療研究会)

・前多敬一郎ほか「泌乳中に排卵しないのはなぜか？」生物物理　27巻3号 1987年（一般社団法人 日本生物物理学会)

・松沢哲郎「ちびっこチンパンジーと仲間たち <171> カメルーンからギニアへ ―狩猟採集民と野生チンパンジーの暮らしの比較」科学 2016年3月号（岩波書店)

・荒木勇輝「チンパンジー研究で分かった人間の子育ての本質～松沢哲郎氏に聞く」eduview　2014年9月27日　http://eduview.jp/

・広井多鶴子「核家族化は『家庭の教育機能』を低下させたか」クォータリー生活福祉研究 57号 2006年（明治安田生活福祉研究所)

・福士輝美「待機児童対策の20年と現在の課題」レファレンス 794号 2017年（国立国会図書館)

大岡啓二（おおおかけいじ）

1960年、名古屋市に生まれる。

名古屋市役所入庁。平成18年度に新設された子ども青少年局にて、

・子ども医療費助成制度の所得制限の撤廃と対象年齢の拡大
・放課後子どもプランの制度創設時の立ち上げ
・子育て支援企業認定表彰制度
・子育て家庭優待カード「ぴよか」などの新規事業の創設
・名古屋市子育て応援サイトの制作・立ち上げ
・地域の子育て家庭への支援と保育の質の向上に取り組む「エリア支援保育所」の創設にたずさわる。

平成23年に名古屋市内で起きた児童虐待死亡事件を契機に設置さた児童虐待対策室に、平成27年度から主査として着任。児童相談所が、少しでも子どもの危険を感じたら「躊躇なく親から引き離す」という方針を取らざるをえない現状と、そこにまつわる多くの理不尽や矛盾に愕然とする。

56歳で早期退職。退職後、在職中にやり残した児童虐待の根本原因の解明というテーマに挑戦するため、本書の執筆に取り組む。

趣味は蝶の採集・研究。35歳の時にタイ北部で発見した新種の蝶に妻の名前を付ける。

名古屋大学経済学部卒業。

人《ひと》はなぜ、愛《あい》するわが子《こ》を虐待《ぎゃくたい》するのか

児童虐待《じどうぎゃくたい》が繰《く》り返《かえ》される本当《ほんと》の原因《げんいん》を探《さぐ》る

2021年11月21日　初版第1刷
2022年 1 月23日　初版第2刷

著　者　大岡啓二《おおおかけいじ》

発行人　松崎義行

発　行　みらいパブリッシング

〒166-0003 東京都杉並区高円寺南4-26-12 福丸ビル6階
TEL 03-5913-8611　FAX 03-5913-8011
https://miraipub.jp　MAIL info@miraipub.jp

企画　田中英子

編　集　とうのあつこ

カバーイラスト　ふかいあずさ

ブックデザイン　洪十六

発　売　星雲社（共同出版社・流通責任出版社）

〒112-0005 東京都文京区水道1-3-30
TEL 03-3868-3275　FAX 03-3868-6588

印刷・製本　株式会社上野印刷所

ISBN978-4-434-29579-9 C0095